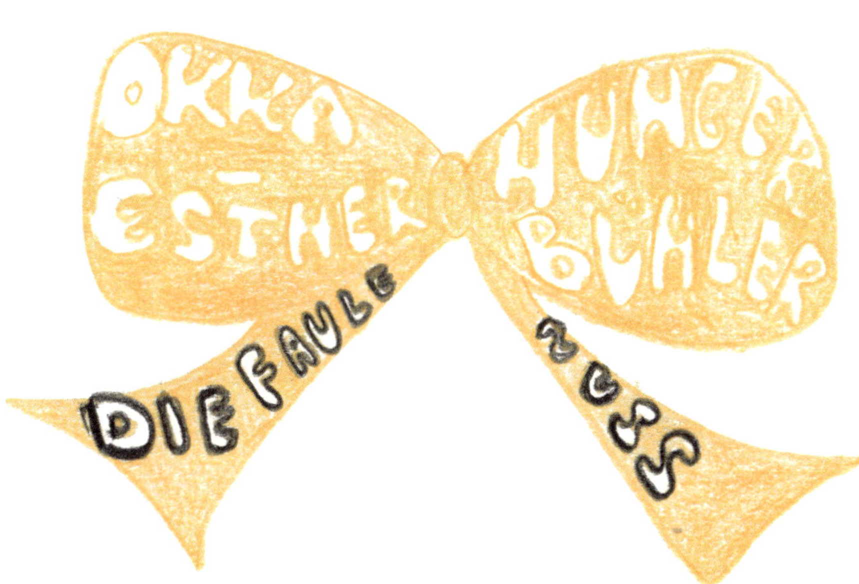
OKKA
ESTHER
HUNGER
BÜHLER
DIE FAULE
NUSS

„Ich stelle mir vor", so Okka-Esther Hungerbühler, „dass wir durch die Villa von Geistern anderer Zeiten beobachtet werden."[1] Was sind das für Geister aus anderen Zeiten? Ist es der Bauherr, der Bankier Carl Schwartz, zu Lebzeiten einer der reichsten Männer Berlins, 1915 verstorben, der nun in seiner ehemaligen Sommerresidenz seinen Spuk treibt? Sind es seine beiden Töchter Gabriele und Charlotte oder ist es gar die Haushälterin Auguste, nach deren Tod das Haus vorübergehend leerstand? Nein, der Horizont der Künstlerin ist weitaus größer und reicht von alten und neuen Märchen bis hin zu Science Fiction, dem Land der Kindheit und der Fantasie entstammt ihr Personal. Nie sind es konkrete Personen, doch sind es Figuren ganz eigenen Charakters: gold- und silberglänzende geheimnisvolle Erscheinungen auf den Balkonen, Däumelinchen summend schaukelnd in der Kokosnussschale... Ästhetisch nonchalant durch Materialien wie Pappmaché, Pfeifenputzer, Glitzer, Klebefolie können sie glamourös und verspielt, rührend-fragil und übermütig sein. Eingesetzte Robotik wirkt nie technoid, sondern unterstützt und ermöglicht die Wesensgebung. Es ist eine poetische Welt, animiert durch die Mädchenjahre, das Drama, das „Unperfekte". Die Begegnung ist ein Erlebnis oder besser: ein Erlebnisparcours, denn jede „Skulptur" – so bezeichnet Okka-Esther Hungerbühler ihre Protagonistinnen und Protagonisten – hat ein Eigenleben; entschlüsseln lassen sich ihre Geheimnisse nicht, doch muten sie keineswegs völlig fremd an, ja, diese Geschöpfe scheinen dem Kontakt, der Kommunikation mit dem Publikum nicht abgeneigt. Sie sind „eine Kraft, die dir entgegenkommt"[2].

Ausgestellt sind die Skulpturen, wie üblich bei Hungerbühler, im Zusammenhang mit Malerei, in der sich – wie in der Pop Art und in Comics – Gegenständlichkeit mit Abstraktion verbindet, und auch der romantische Konzeptualismus lässt grüßen – ambivalente Bildfantasien zwischen Erinnerungen, Träumen, Abgründen und Humor mit eigener Virtuosität jenseits von Erhabenheit und *bad painting.*

Für die vertrauensvolle Zusammenarbeit danke ich Okka-Esther Hungerbühler sehr herzlich. Ein besonderer Dank geht an Maurin Dietrich für den erkenntnisreichen und atmosphärischen Katalogtext, der preggnant agency für die Kataloggestaltung sowie dem Distanz Verlag für Produktion und Vertrieb. Für die finanzielle Unterstützung geht Dank an die Senatsverwaltung für Kultur und Europa. Ein besonderer Dank gilt dem engagierten Team des Fachbereichs Kultur Steglitz-Zehlendorf.

Brigitte Hausmann

[1] Okka-Esther Hungerbühler, Ausstellungskonzept

[2] Okka-Esther Hungerbühler im Gespräch mit Maurin Dietrich, in: KubaParis. Zeitschrift für junge Kunst (https://kubaparis.com/okka-esther-hungerbuehler/ zuletzt am 31.5.19)

Ghosts in the Schwartzsche Villa

"I imagine," says Okka-Esther Hungerbühler, "that, through the villa, we are watched by the ghosts of other times."[1] What kinds of ghosts from other times are these? Is it the man who commissioned the building, the banker Carl Schwartz, who was one of the richest men in Berlin during his lifetime and died in 1915: is he now haunting his former summer residence? Is it his two daughters, Gabriele and Charlotte, or perhaps even the housekeeper Auguste, after whose death the house temporarily stood vacant?

No, the horizon of this artist stretches much further, all the way from old and new fairy tales to science fiction: her cast of characters comes from the land of childhood and fantasy. They are never specific people, but the figures nevertheless have their own very distinctive character: mysterious apparitions glistening in gold and silver on balconies, Thumbelina humming as she rocks in a coconut shell... Aesthetically nonchalant on account of materials like papier-mâché, pipe cleaners, glitter, and adhesive film, they can be glamorous and playful, poignantly fragile and overconfident. The robotics that are utilized never convey a technological effect; instead, they support and enable the generation of beings. It is a poetic world animated through the years of girlhood, drama, the "imperfect." This encounter is an experience or, rather, a sequence of experiences, because every "sculpture"—that is how Hungerbühler refers to her protagonists—has a life of its own. Their secrets cannot be deciphered, but by no means do they strike us as entirely foreign; indeed, these creatures do not seem reluctant to connect and communicate with their audience. They are "a force that moves toward you."[2]

As is usually the case with Hungerbühler, the sculptures are exhibited in connection with paintings that—like Pop Art and comics—link representationalism with abstraction and also bear signs of Romantic Conceptualism—ambivalent pictorial fantasies situated between memories, dreams, the abyss, and humor and possessing a virtuoso quality beyond the distinctions of sublime and ***bad painting***.

I very warmly thank Okka-Esther Hungerbühler for the trust she brought to our collaboration. Special thanks go to Maurin Dietrich for her insightful and atmospheric catalogue text, the preggnant agency for the catalogue's design as well as the Distanz Verlag for its production and distribution. I am grateful to the Senate Department for Culture and Europe for their financial support. The dedicated team of the Fachbereich Kultur Steglitz-Zehlendorf also deserves special thanks.

[1] Okka-Esther Hungerbühler, exhibition concept

[2] Okka-Esther Hungerbühler in conversation with Maurin Dietrich, in KubaParis: Zeitschrift für junge Kunst, accessed May 31, 2019, https://kubaparis.com/okka-esther-hungerbuehler

Vielleicht ist es zu spät oder vielleicht ist es noch viel zu früh für die Party, oder warum scheint die Auffahrt zum Haus so merkwürdig leer? Ist Musik zu hören oder ist das dumpfe Wummern nur Einbildung? Auf dem Balkon steht ein einsamer Partygast oder die Hausherrin, die die ersten Gäste begrüßt. Ihr kleiner silberner Kopf ragt kaum über das Geländer, aber man fühlt sich sorgfältig beobachtet von diesem glitzernden Wesen. Jetzt bloß nicht stolpern, dann wäre das neue Kleid hin, das man sich extra vorhin noch zurecht gemalt hat. Die Tür steht einen Spalt weit offen und wir betreten die leere Eingangshalle. Kein Gast weit und breit. Doch, in der Ferne liegt jemand am Boden der Halle und schaukelt munter vor sich hin. Beim Nähertreten ertönt ein leises, melodisches Summen. Es entpuppt sich als auf dem Boden liegende Kokosnuss, die sich im Takt einer summenden Mädchenstimme wiegt, die aus einer kleinen Figur zu kommen scheint. Diese Figur ist gerade in etwa so groß wie ein Daumen und hat es sich in der Schale bequem gemacht.
Die Arbeit Mädchen in der Kokosnuss lässt an die Geschichte von Däumelinchen denken, in der sich eine Frau ein Kind wünscht, und, da sie keins bekommen kann, den Rat einer Hexe sucht. Die gibt ihr ein Gerstenkorn, das die Frau zuhause in einen Topf steckt. Aus diesem wächst eine wunderschöne Blume. Und aus dieser ein winziges Mädchen. Weil diese so klein ist, wird sie Däumelinchen genannt. Die Frau macht ihr ein Bett aus einer Walnussschale, mit Veilchenblättern als Matratze und einem Rosenblatt als Decke. Tagsüber spielt das kleine Mädchen in einem See, den die Mutter in einem Teller für sie angelegt hat. So gehen die Tage ins Land. Doch eines Nachts passiert die Katastrophe: Die fiese Kröte von nebenan bricht ein und raubt Däumelinchen, weil sie eine Braut für ihren dummen Sohn sucht. Nach einigen merkwürdigen, fast unfallartigen Heiratsunternehmungen mit drei verschiedenen Gestalten und weiteren Abenteuern findet sich Däumelinchen am Ende der Geschichte mit Flügeln und Erfahrung in der Welt wieder.
Die Frage, auf die Okka-Esther Hungerbühlers wesenhafte Skulpturen eine Antwort zu formulieren scheinen, ist die, wie es heute noch möglich ist, fantastische, traurige und wilde Geschichten zu erzählen. Dabei bewegen sich ihre Arbeiten in den Bereichen von Malerei und Bildhauerei und entwerfen den Ausstellungsraum als Ort der zeitlichen und räumlichen Konstruktion, in dem die Dinge anders zu funktionieren scheinen. Ihre Skulpturen, die teilweise robotisiert sind, treten einem dabei als beinahe eigenständige Charaktere entgegen, denen nicht nur bestimmte Eigenschaften innewohnen, sondern die auch

Maybe it's too late or maybe it's still too early for the party, or why does the house's driveway seem so strangely empty? Can we hear music, or is that muffled rumbling just our imagination? A lonely party guest stands on the balcony, or maybe it's the house's owner greeting her first guests. Her little silver head barely extends above the railing, but we feel how this glittering creature is carefully watching us. Just don't stumble now, you'll ruin the new dress that you've taken the time to get painted just right. The door is open a crack and we walk into the empty front hallway. No guests anywhere. In the distance, though, someone is lying on the floor of the hall and cheerfully rocking back and forth. When we move closer, there is a quiet and melodious humming sound. It reveals itself to be a coconut lying on the ground, rocking to the rhythm of the humming voice of a girl that seems to be coming from a little figure. This figure is no larger than about the size of a thumb and has made herself comfortable in the shell.

The work Mädchen in der Kokosnuss (Girl in the Coconut) calls to mind the story of Thumbelina, in which a woman wishes to have a child and, because she cannot have one, seeks advice from a witch. The witch gives her a barleycorn, which the woman sticks in a pot at home. A beautiful flower grows out of it—and a tiny girl out of the flower. Because she is so small, she is given the name Thumbelina. The woman makes her a bed out of a walnut shell, with violet petals as a mattress and a rose petal as a blanket. During the day, the little girl plays in a lake that her mother has arranged for her on a plate. And so the days pass. One night, though, catastrophe strikes: the horrible toad from across the way breaks in and abducts Thumbelina, because she is looking for a bride for her stupid son. After a few strange, almost accidental attempts at marriage with three different figures as well as further adventures, Thumbelina—now equipped with wings and experience—finally finds her way in the world again.

The question to which Okka-Esther Hungerbühler's creature-like sculptures seem to formulate an answer is this: how can fantastic, sad, and wild stories still be told today? At the same time, her works exist within the realms of painting and sculpture and conceive of the exhibition space in terms of a site of temporal and spatial construction, where everything seems to function differently. Her sculptures, some of which are robotized, confront us within this context almost as if they were independent characters who are not only characterized

konkrete Fähigkeiten besitzen. So beispielsweise die Arbeit Die Gans – diese ist ein Roboter mit integrierter Kamera, die sich jeweils nach Gesichtern umsieht. Findet sie eins, schaut sie es sich sorgfältig an und macht gelegentlich auch ein Foto. Okkas Skulpturen sind dabei Fragmente und Neuzusammensetzungen von bereits erzählten Geschichten und ihren Doppelgängerinnen oder sie entwerfen neue Charaktere in ganz eigenen Narrationen. Die Arbeiten stellen dabei szenische und dramatische Momente her, in denen die Skulpturen ihre Betrachter immer schon mitzudenken scheinen. Ein wechselseitiges Verhältnis von Gesehen und Gesehen werden, etwas oder jemanden betrachten, das mit großen dunklen Kameraaugen zurückstarrt. So wie in der Arbeit Blume, die mit ihren weißen Federblütenblättern zu atmen scheint. Die Federn öffnen sich dabei nur dem, der von einer im Inneren der Blume integrierten Kamera als ruhiger Besucher wahrgenommen wird, und verschließen sich schreckhaft, sobald andere Personen in ihre Nähe treten. Dabei wählt Okka für ihre Skulpturen einfach erwerbbare Gestaltungsmittel wie Pappmaché, Klebefolie, Glitzer und arbeitet mit Heißkleber, um alles zusammenzubringen. Manchmal machen die Skulpturen danach den Eindruck, als würden sie im nächsten Moment auseinanderfallen. Sie scheinen oftmals förmlich aus der Fassung geraten zu sein, ein bisschen ermattet, der eigenen Tragik wegen. Den Gestaltungsmitteln und den künstlerischen Konzeptionen der Künstlerin stehen Jahrzehnte von Pop Art, Konzeptkunst, Fluxus, Minimal Art und erweiterten Kunstbegriffen voraus, von denen sie sich zwar humorvoll abgrenzt, dazu aber liebevoll verortet.

Okkas Arbeiten erzählen dabei Geschichten nicht nur durch die einzelnen Arbeiten, sondern vor allem durch ihr Verhältnis zueinander. Ähnlich der Idee des Dramas, das nur einen Oberbegriff für Texte mit verteilten Rollen darstellt. One is company, two is a crowd, three is a party. Eins, zwei, drei Figuren und schon entsteht die Geschichte: Ein schüchterner Anfang, der Versuch einer Kontaktaufnahme, ein Scheitern, dann aber vielleicht doch nicht, jemand wendet sich dem anderen zu. Handlung durch Dialog entsteht bei Okka jedoch jenseits von Text. Alles Vertrauen übergibt sie ihren Arbeiten, die für sie zu Performern werden auf ihrer ganz eigenen Bühne. In Ausstellungen, ähnlich wie Szenen, begegnen uns dabei verschiedene Charaktere immer wieder, meistern die unterschiedlichen Aufgaben, die in den jeweiligen Akten für sie vorgesehen sind, manchmal auf komische, manchmal auf tragische Art.

In Okkas Malereien kehren die Figuren dabei teilweise wieder oder werden in fantastischen Bildräumen neu entworfen. Die

by specific qualities, but also possess concrete abilities. Thus, for example, the work Die Gans (The Goose) is a robot with an integrated camera, which seems to look around for faces. If it finds one, it looks at it carefully and sometimes even takes a picture. Hungerbühler's sculptures are simultaneously fragments and recombinations of stories that have already been told and their doubles, or they sketch new characters in narratives that are entirely her own. In the process, the works establish scenic and dramatic elements in which the sculptures always seem to already have their viewers in mind. A mutual relationsship of seeing and being seen, of viewing something or someone that stares back at us with big, dark camera eyes. For example, the work Blume (Flower) seems to breathe with its white feather-petals. However, these feathers only open up to those viewers who a camera integrated inside the flower perceives as calm, and the jerk closed in fear as soon as other people approach it. Hungerbühler chooses to use readily available craft supplies like papier-mâché, adhesive film, and glitter for her sculptures, and she works with a hot glue gun to put everything together. Afterwards, the sculptures sometimes give the impression that they are about to fall apart. They often seem literally bent out of shape, a little exhausted by their own tragedy. The materials the artist uses and her artistic concepts are preceded by decades of Pop Art, Conceptual Art, Fluxus, Minimal Art, and expanded concepts of art: while she humorously distinguishes herself from these, she also affectionately positions herself in relation to them.

At the same time, Hungerbühler's works tell stories not just through the individual pieces, but also and primarily through their relationship to one another. This is similar to the idea of drama, which is just a collective term for texts with separately assigned roles. One is company, two is a crowd, three is a party. One, two, three figures and already the story emerges: a timid beginning, the attempt to make contact, a failure, but then, perhaps not, after all—one of them turns toward another. However, in Hungerbühler's work, the plot that emerges through dialogue does so beyond text. Entirely trusting, she turns matters over to the works that, for her, become performers on their very own stage. In exhibitions, similarly to scenes, we repeatedly encounter various characters, who master the different tasks devised for them in the given acts—sometimes in a comic and sometimes in a tragic manner.

At times, the figures return in Hungerbühler's paintings, or they are reconceived within fantastic pictorial spaces.

Bildserien haben Titel wie Die Sterne stehen schlecht oder Die Sterne stehen noch schlechter, Verwandlungen, Leere Bars von oben. Letztere sind Darstellungen von leeren Räumen, die normalerweise für Zusammenkünfte von Menschen gedacht sind, gemalt aus der Perspektive einer Überwachungskamera. In der neuesten Serie von Malereien mit dem Titel Weltuntergänge fahren Dinge immer nach dem gleichen Prinzip auf Skiern Abhänge herunter. Vor fast genau 200 Jahren explodierte ein Vulkan in Indonesien, der den Himmel über Europa für einen ganzen Sommer verdunkelte. Schneestürme im Juli und Hungersnöte waren die Folge. Im verschneiten Hochsommer wurde es niemals richtig hell und zwischen kaum merklichen Sonnenauf- und -untergängen scheinen die Tiere aus dieser Zeit in Okkas Malereien Eingang gefunden zu haben. In der Bildserie fahren die Hasen nun halb vergnügt, halb lebensmüde die Skipisten hinunter. Die Sonne steht riesengroß, aber fahl und blass am Winterhimmel, und auch sie scheint es gegen den Horizont hinunterzuziehen. Es begegnen uns in der Bildserie immer die gleichen bildkompositorischen Prinzipien: Alles auf dem Bild scheint sprichwörtlich den Berg hinunter zugehen. Die Malereien von Okka funktionieren gerade über die Themen, von denen man sich sicher war, dass sie eigentlich nicht abbildbar sind. Weltuntergänge zum Beispiel, oder aber Prinzessinnenkleider. So sind in der Serie Kleider Prinzessinnenkleider Bildgegenstand, die uns naturalistisch oder abstrakt begegnen. Die Kleider werden von Gespenstern getragen, mal erscheint uns der Puffärmel selbst wie ein gespenstischer Doppelgänger oder das Kleid ist fragmentiert, wie ein Körper mit verschiedenen Organen und Funktionen. Dabei entziehen sich die Malereien selbst in der Darstellung von Prinzessinnenkleidern immer wieder den einfachen Zuschreibungen von stereotypen weiblichen Symbolen oder geschlechtsspezifischen Erzählungen. Sie funktionieren als formales Vokabular und Materialsammlung für die Arbeiten, aus denen immer auch vor allem eine unbändige Freiheit und Freude am Medium der Malerei spricht. Die alte Welt scheint zu zerfallen und sich aufzulösen, die neue kündigt sich vorsichtig an, ist noch im Entstehen. Okkas Arbeiten zwischen Skulptur und Malerei bevölkern den Zwischenraum genau dieser Zeit. Sie tragen mutig, gleichzeitig voller melancholischer Lethargie und Faulheit, die Erinnerung an eine andere Zeit in sich, die Gedanken an eine vergangene Welt, und schlittern voller wilder Freude auf das Kommende zu.

Maurin Dietrich

The series of paintings have titles like Die Sterne stehen schlecht (The Stars Look Bad) or Die Sterne stehen noch schlechter (The Stars Look Even Worse), Verwandlungen (Metamorphoses), or Leere Bars von oben (Empty Bars from Above). The latter are depictions of empty rooms, normally intended for gatherings of people, which are painted from the perspective of a surveillance camera. In the most recent series of paintings, entitled Weltuntergänge (World Sunsets), things go down slopes on skis, always according to the same principle. Almost 200 years ago, a volcano exploded in Indonesia, darkening the skies over Europe for an entire summer. Blizzards in July and famines resulted. In the snowy midsummer, it never really became light and, between the scarcely recognizable risings and settings of the sun, the animals of this period seem to have found their way into Hungerbühler's paintings. In this series, it is now hares that ski down the slopes, half gleefully and half suicidally. The sun stands in the winter sky, gigantic but dull and pale, and it also seems to be drawn down towards the horizon. The series repeatedly confronts us with the same compositional principles: everything in the pictures seems to be proverbially going downhill. Hungerbühler's paintings function precisely by way of subjects that we felt certain could not actually be depicted: doomsdays, for example, but also princesses' dresses. Thus, the series Kleider (Dresses) takes princesses' dresses as its subject matter, which we find in naturalistic or abstract form. The dresses are worn by ghosts, and sometimes the puffed sleeves themselves look like ghostly doubles or the dress becomes fragmented, like a body with various organs and functions. At the same time, even in depicting princess's dresses, the paintings repeatedly avoid simple designations of stereotypical feminine symbols or gender-specific narratives. They function as a formal vocabulary and collection of material for the works, out of which an unruly freedom and a joy in the medium of painting always also and primarily speaks. The old world seems to collapse and disintegrate, and the new one announces itself cautiously—it is still emerging. Hungerbühler's works between sculpture and painting inhabit the intermediate realm of precisely this period. Courageously and simultaneously full of melancholy lethargy and indolence, they bear within themselves the memory of another time, thoughts of a bygone world, and they glide, full of wild joy, toward what is to come.

Waldbühne / 32
Forest Stage, 2017
Styropor, Buntstift auf Papier, Puschel, Pfeifenputzer, Glitzer, Heißkleber /
Polystyrene, crayon on paper, pompom, pipe cleaner, glitter, hot glue
24 × 20 × 20,4 cm

Frau mit Liebeskummer / 33
Woman with Lovesickness, 2017
Zeitungspapier, Servietten, Klebeband, Heißkleber, Federn /
Piece of newspaper, napkins, duct tape, hot glue, feathers
32 × 18 × 24 cm

Bühne / 34
Stage, 2018
Karton, Band, Glitzersteine /
Cardboard, band, rhinestones
8 × 37 × 11 cm

Die Gruppe / 35
The Group, 2018
Butterfly, Die blaue Blume, Dancer, Eisberg /
Schmetterling, The Blue Flower, Tänzerin, Iceberg
Der Butterfly ist ein Roboter. Er hebt manchmal seine Arme. /
The butterfly is a robot. Sometimes it lifts its arms.
Mixed media
Dimension variabel /
Dimensions variable

Der Schneemann / 36
The Snowman, 2019
Schultüte, Pappmaché, Klebefolie, Heißkleber, Plexiglaskugel, Lichtkugel, Geschenkband /
School cone, papier-mâché, adhesive foil, hot glue, acrylic glass ball, light ball, gift ribbon
87 × 36 × 55 cm

Fountain / 37
Brunnen, 2017
Verkleidete Discokugel, Zeitungspapier, Klebefolie, Draht, Pfeifenputzer, Plastikblume, Stroh, Strassband, Heißkleber, Kabel /
Shrouded disco ball, piece of newspaper, adhesive foil, wire, pipe cleaner, plastic flower, straw, rhinestone band, hot glue, cable
75 × 20 × 20 cm

Marie und Marie / 38, 39
Mary and Mary, 2019
Pappmaché, Geschenkpapier, Heißkleber /
Papier-mâché, gift wrapping paper, hot glue
120 × 40 × 40 cm &
140 × 40 × 40 cm

Leeres H&M bei Nacht von oben / 67
Empty H&M from Above, 2016
Öl, Acryl auf Baumwolle /
Oil, acrylic on cotton
95 × 100 cm

Nachhauseweg / 68
Way Home, 2018
Öl, Acryl auf Baumwolle /
Oil, acrylic on cotton
170 × 160 cm

Der Weg / 69
The Way, 2019
Öl, Acryl auf Baumwolle /
Oil, acrylic on cotton
95 × 100 cm

Deutsche und englische Titel,
deutsche Beschreibungen /
German and English titles,
German descriptions:
Okka-Esther Hungerbühler

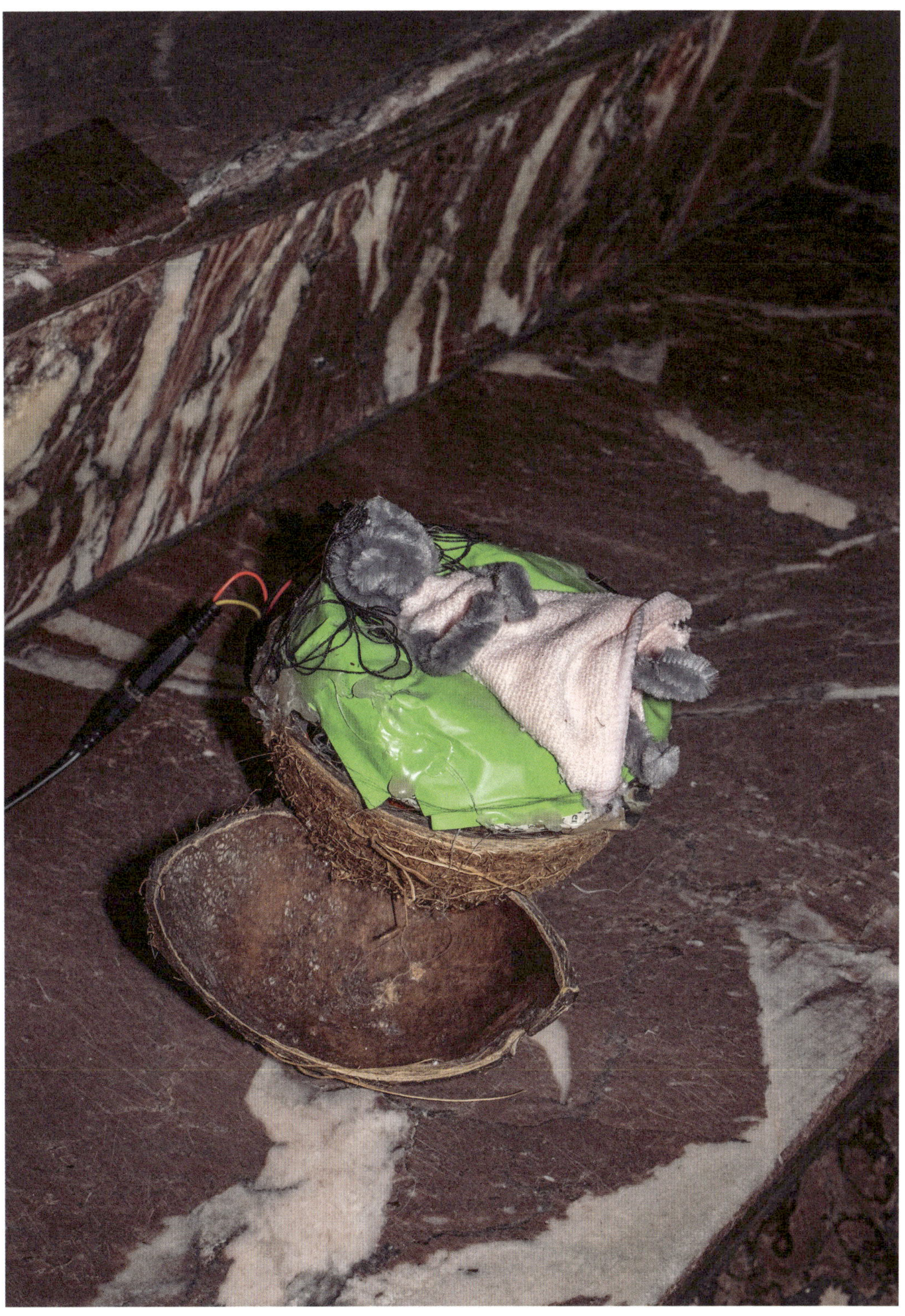

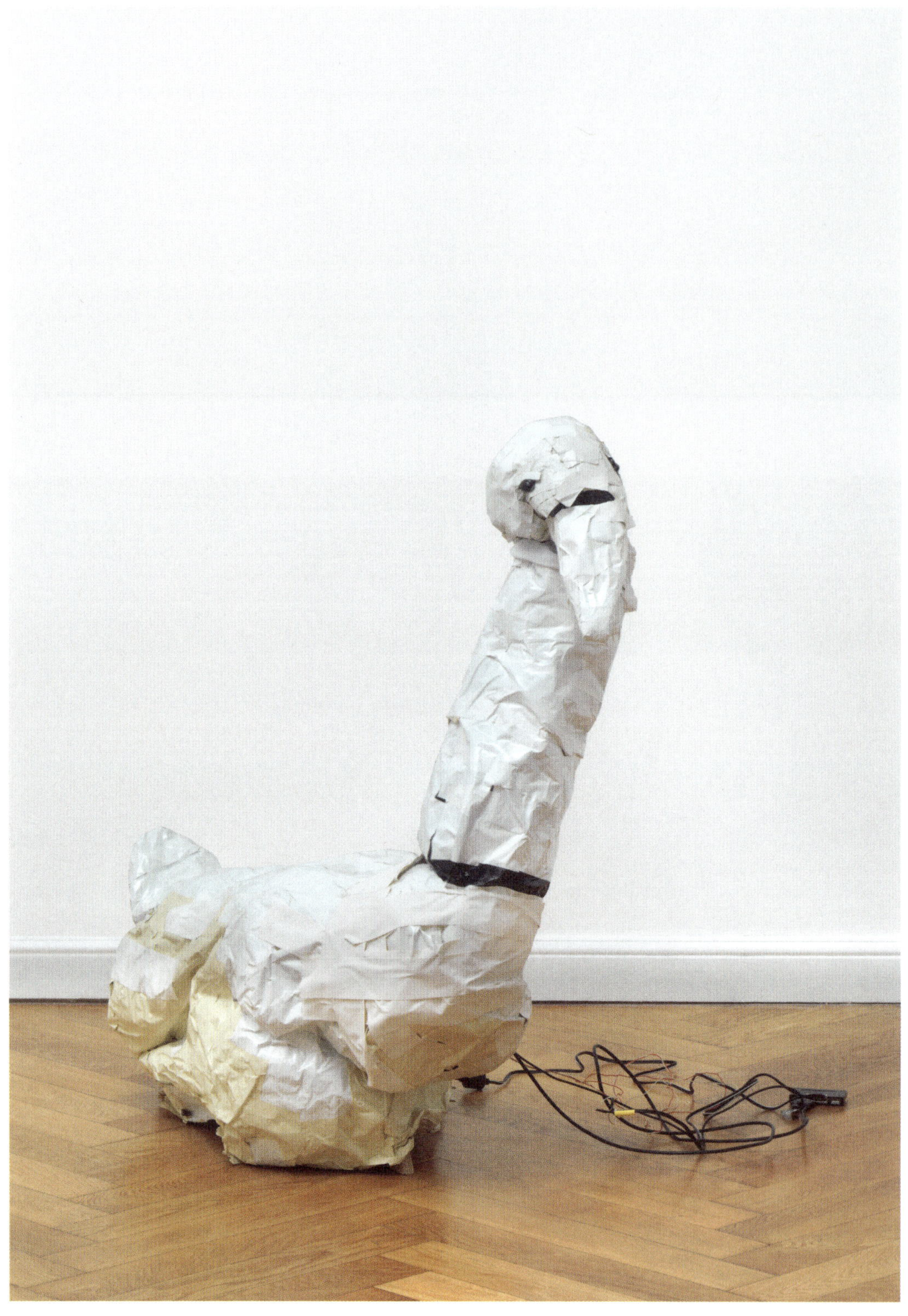

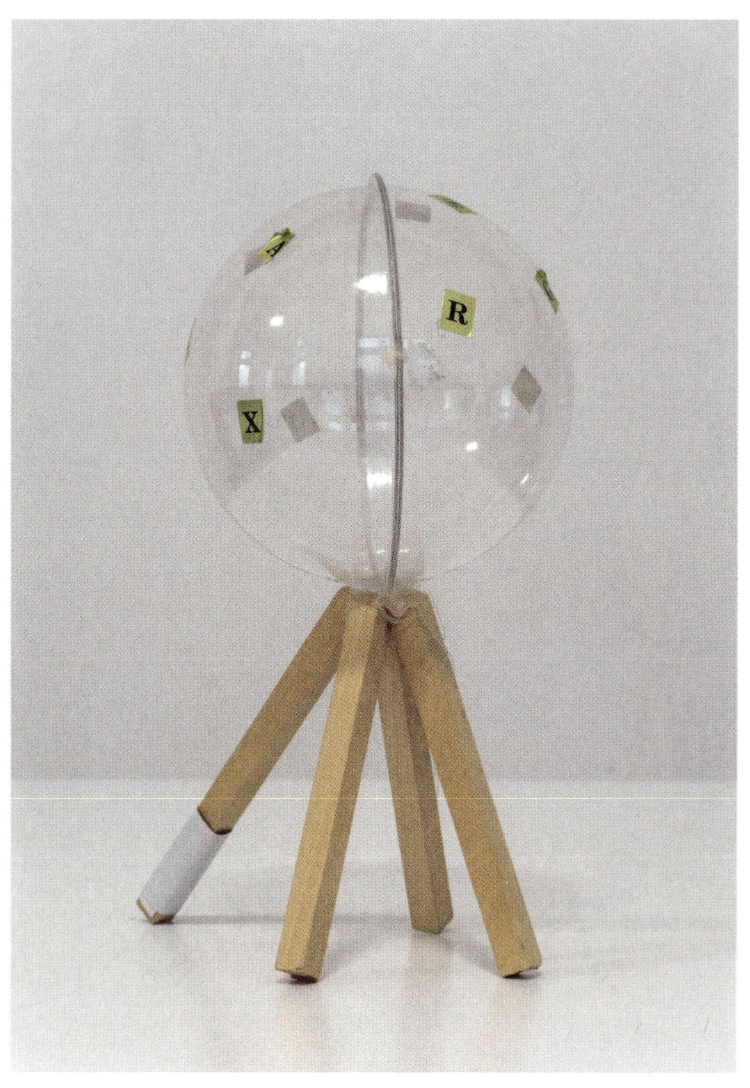
R
X

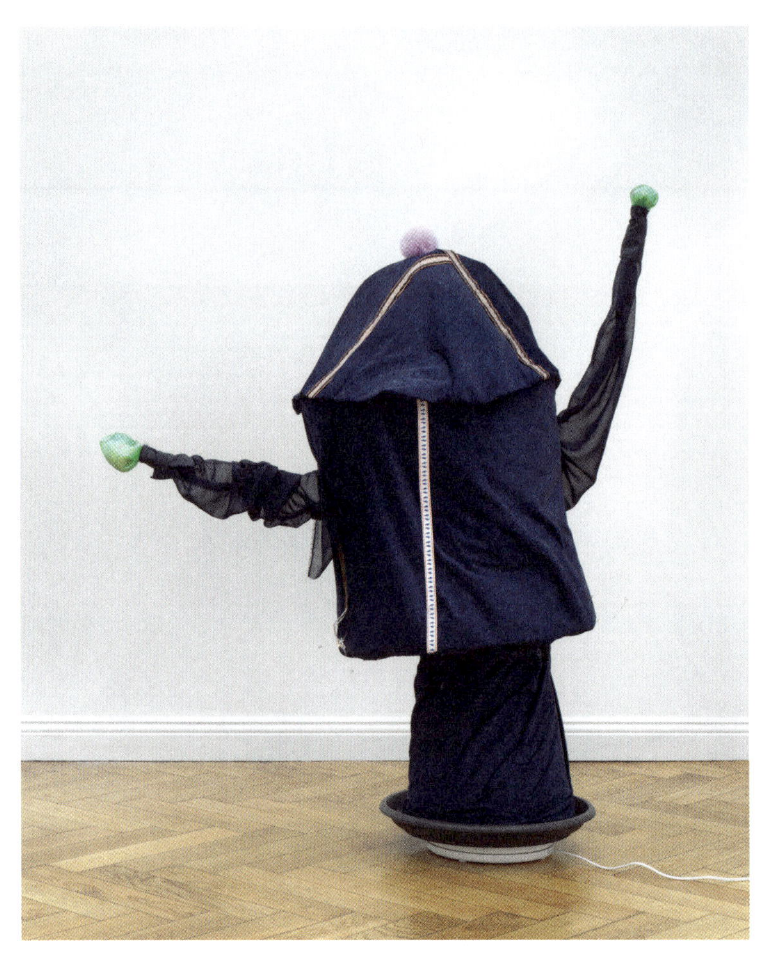

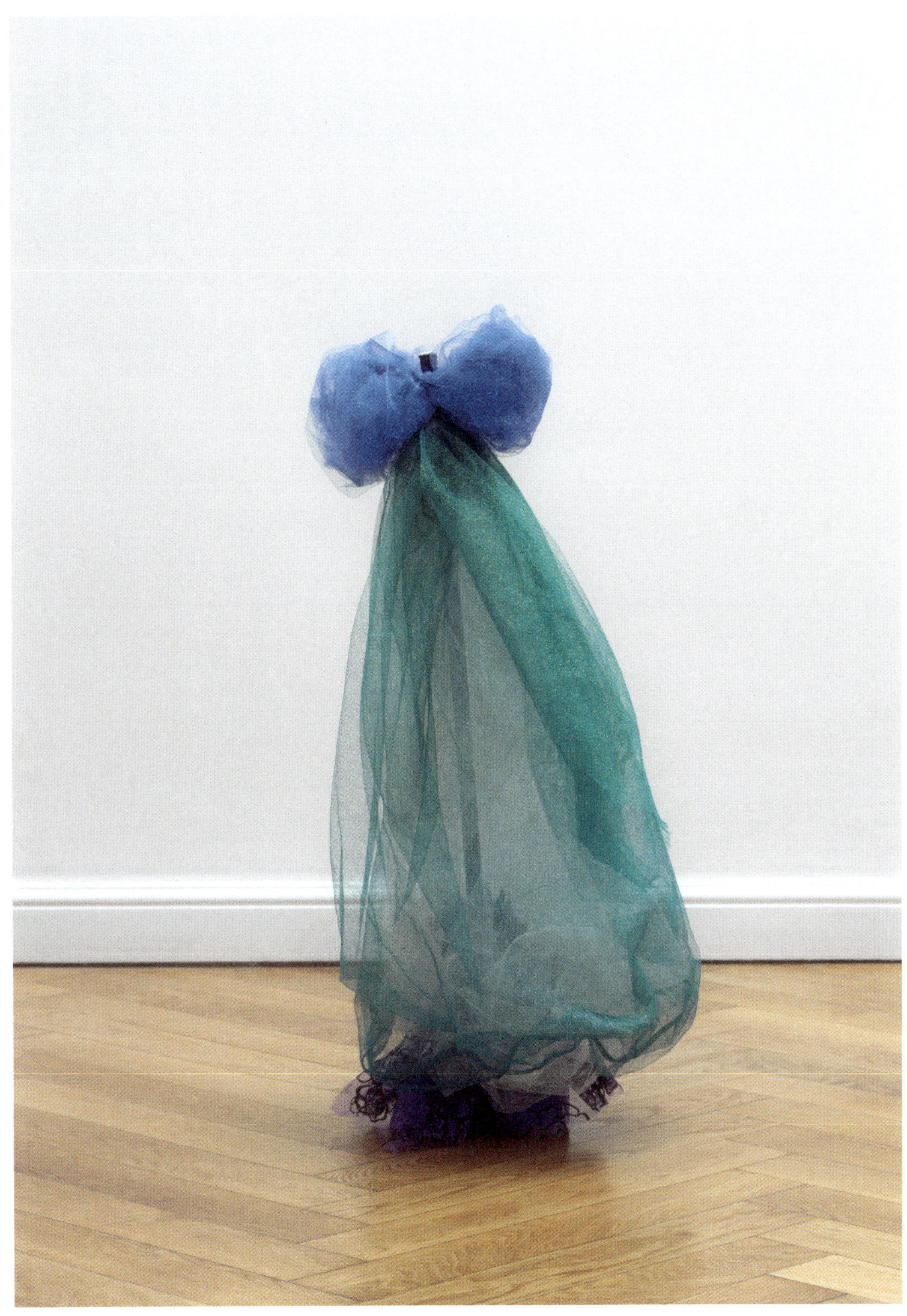

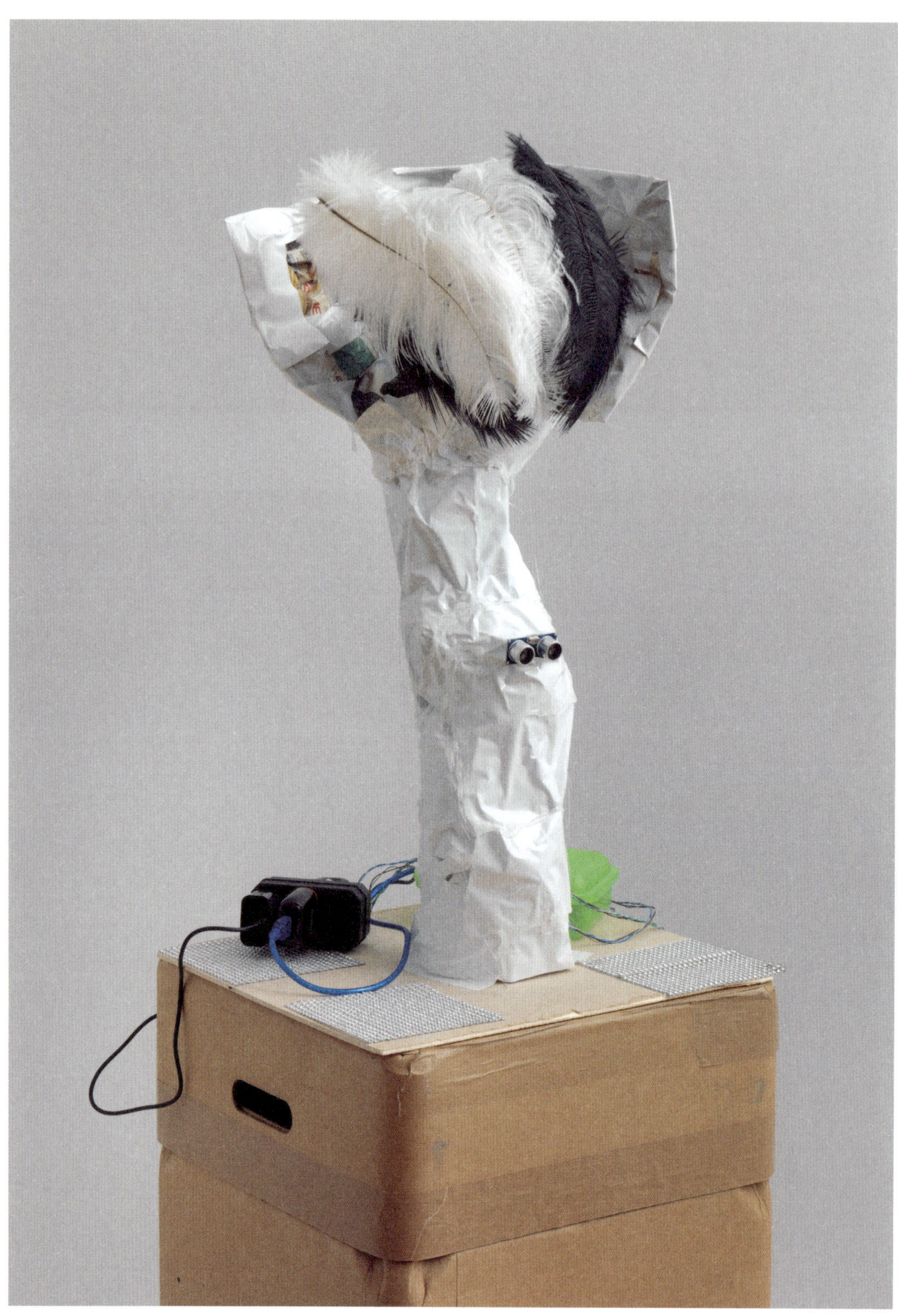

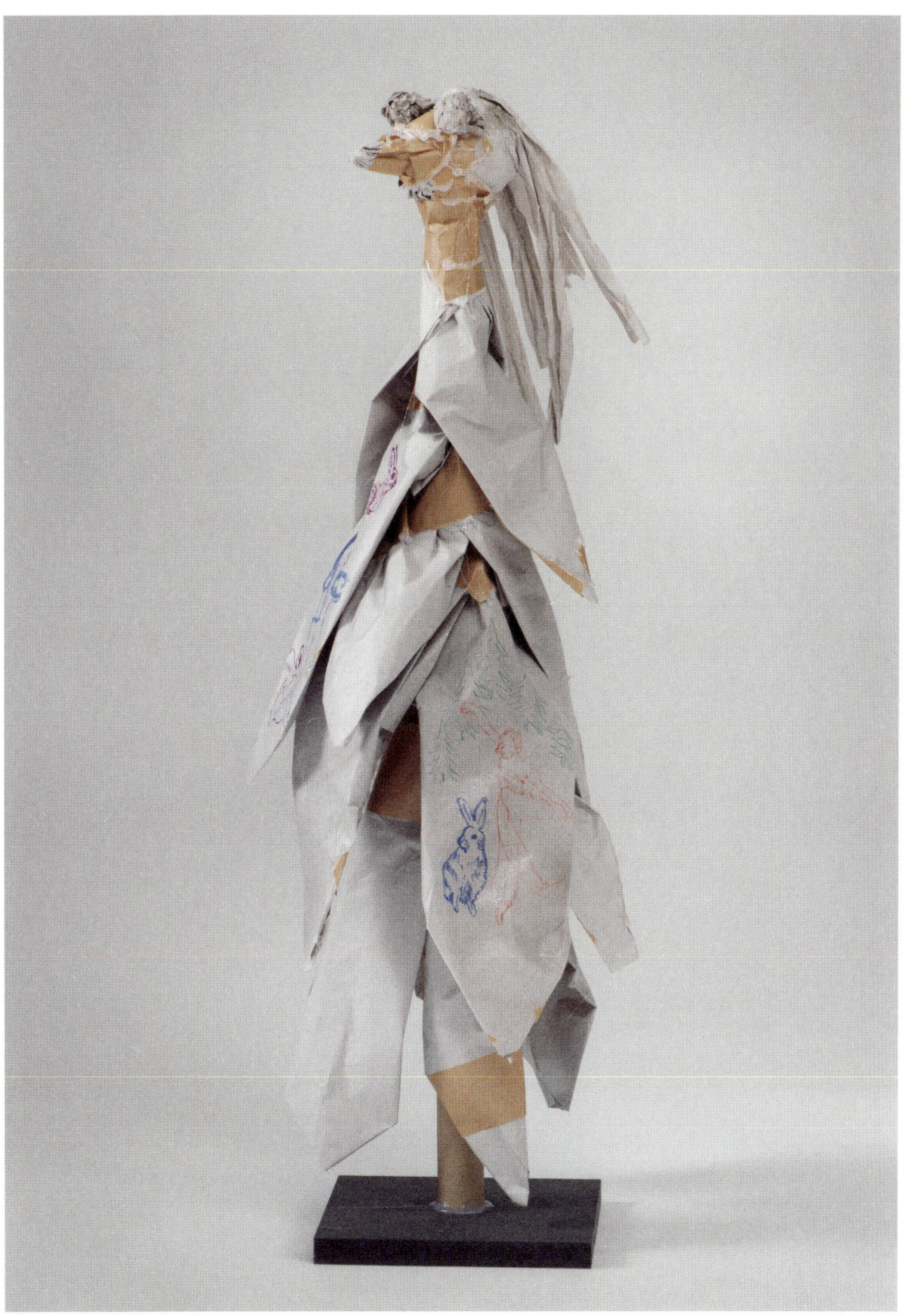

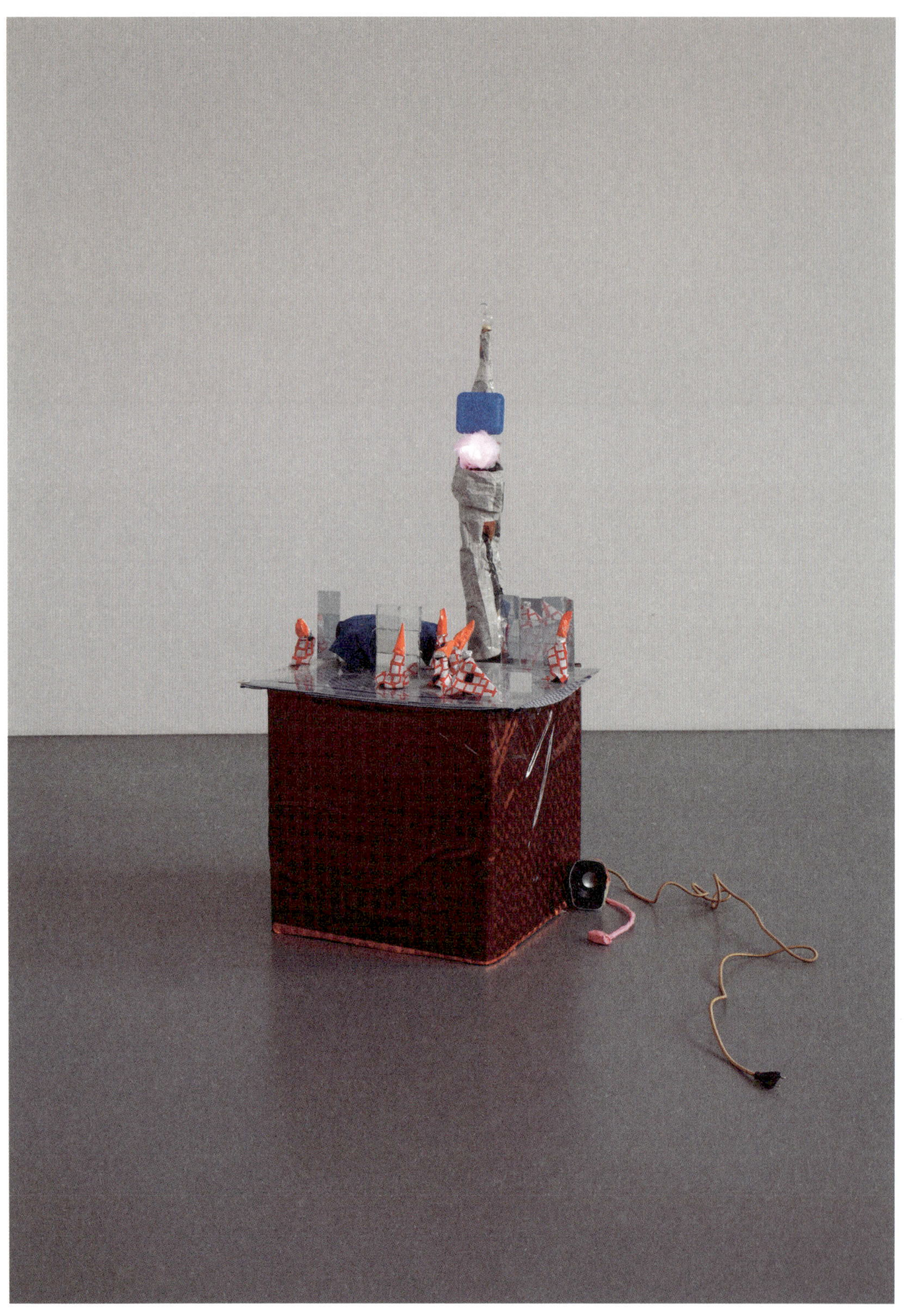

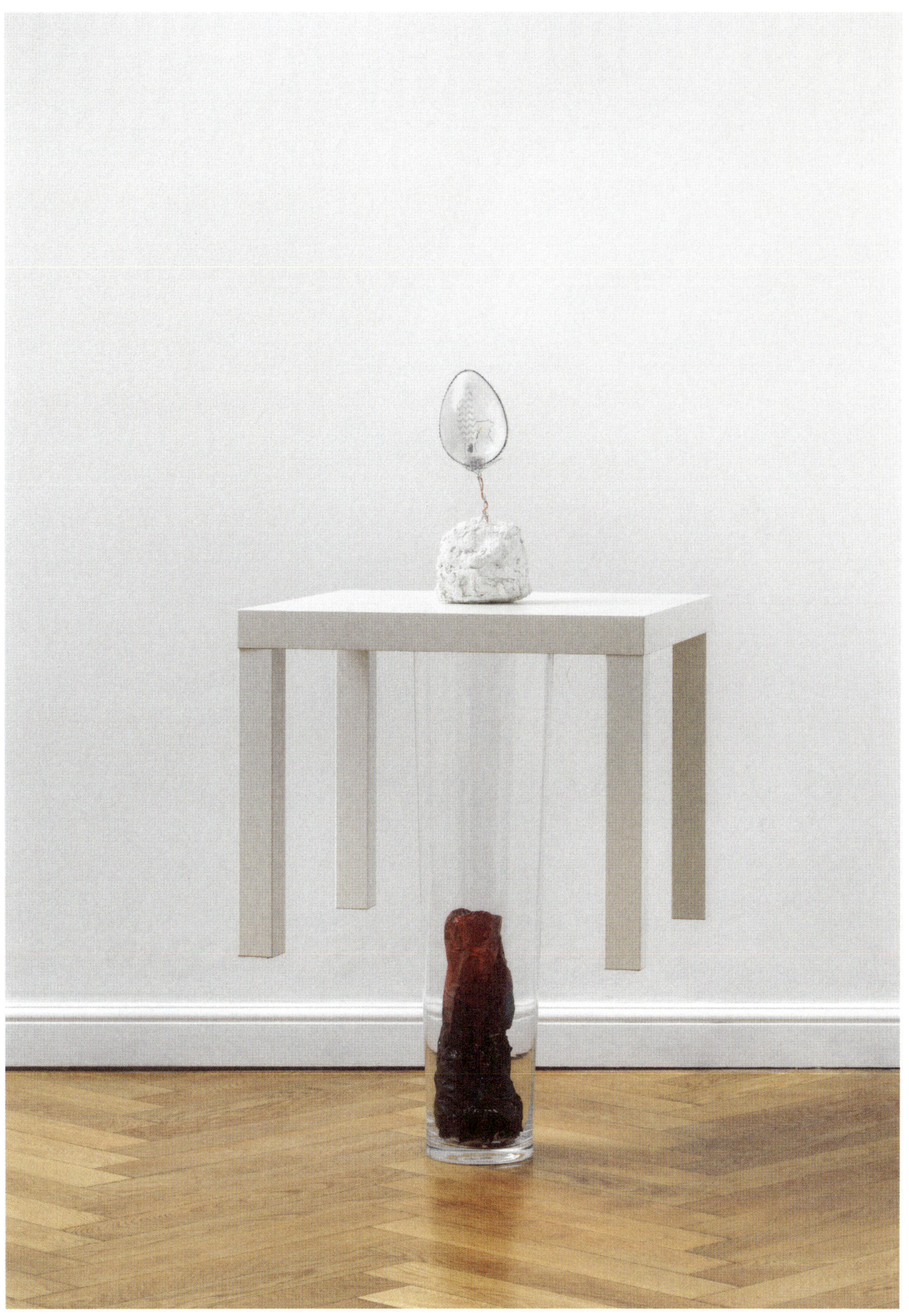

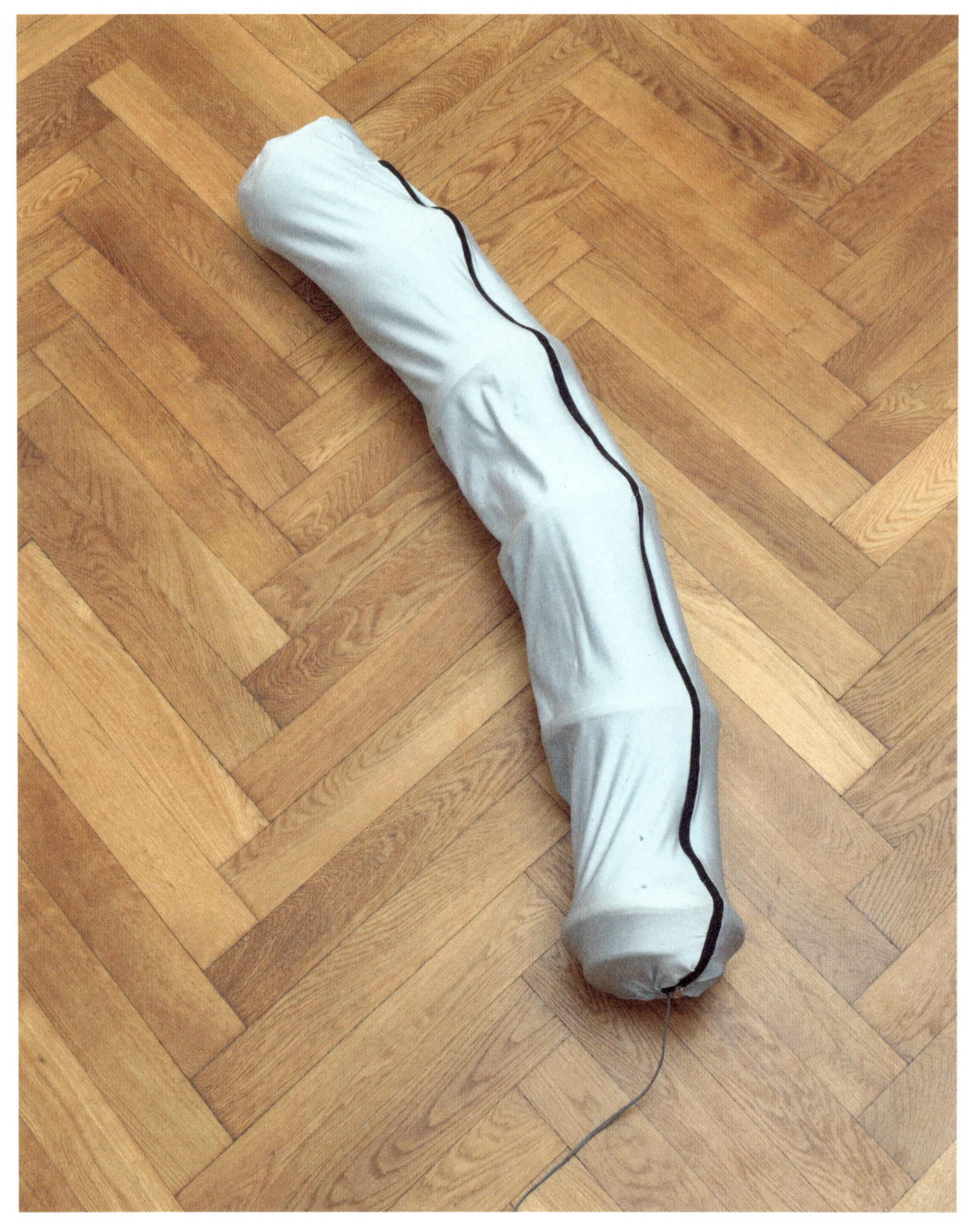

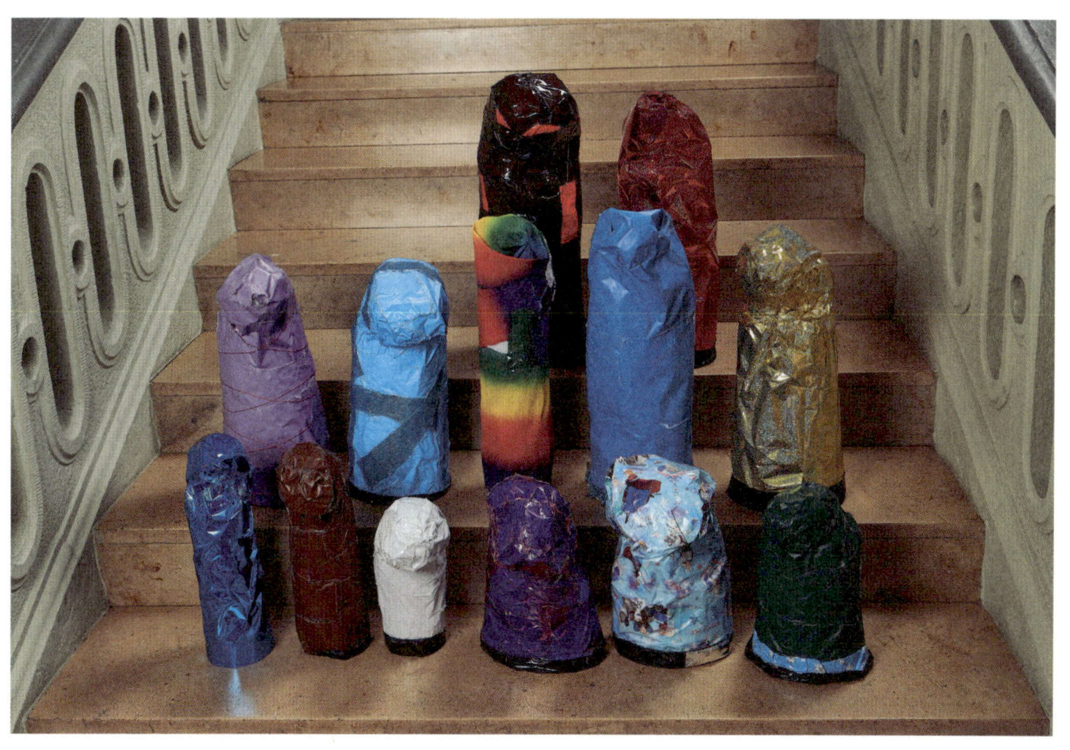

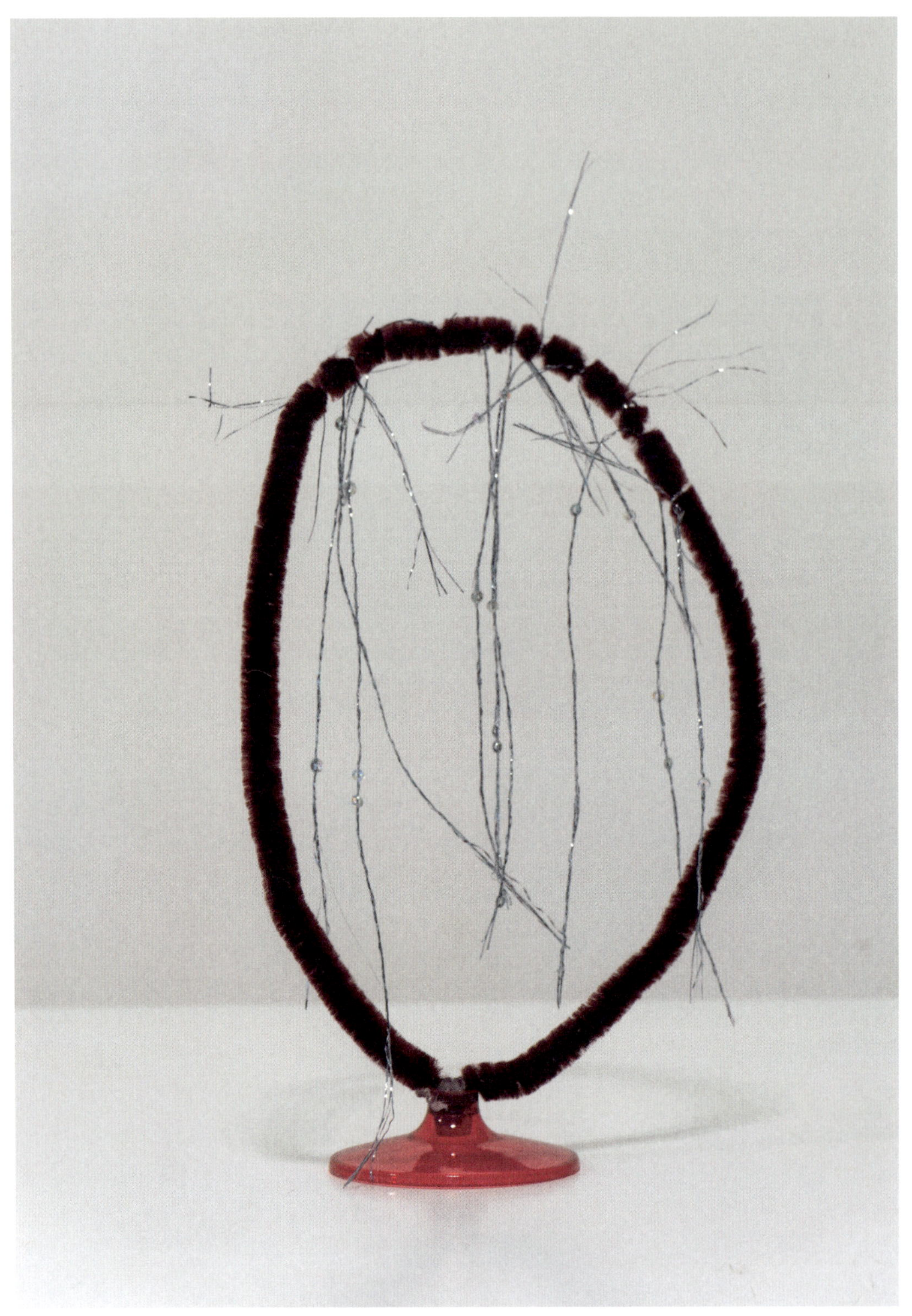

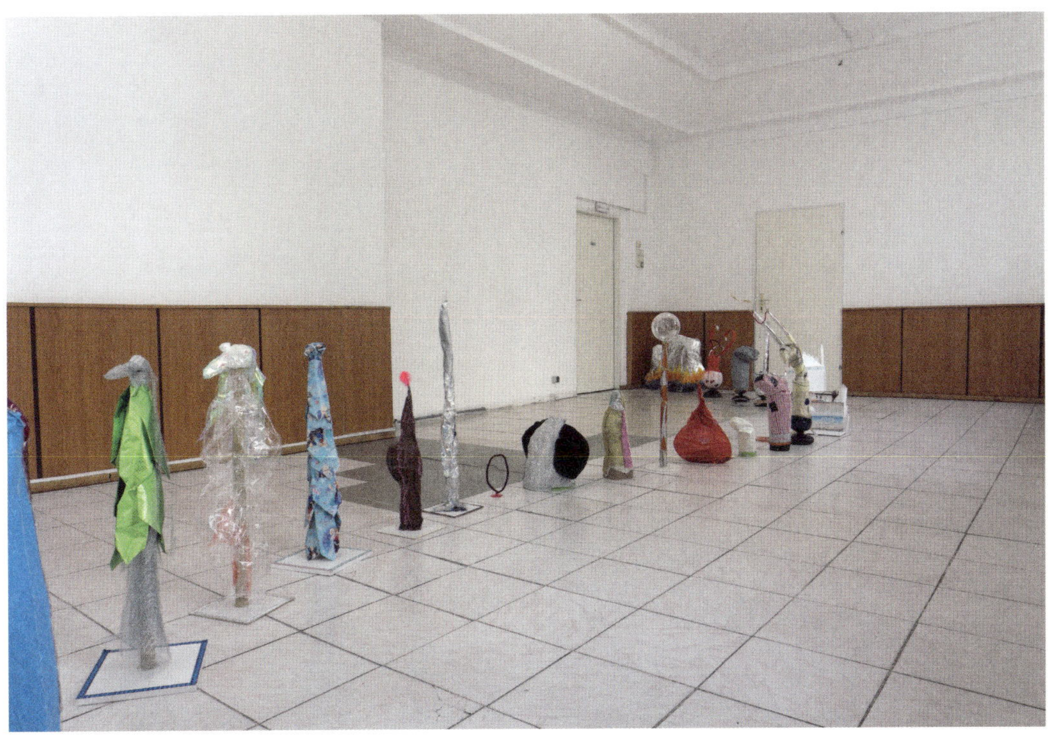

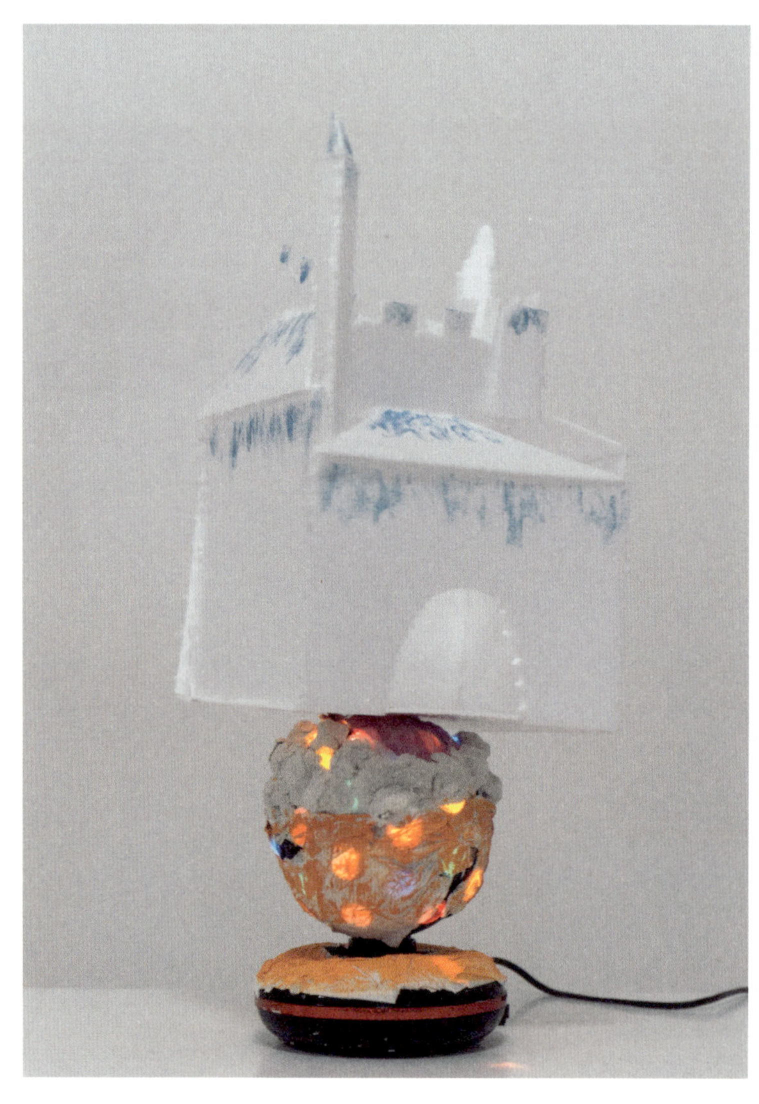

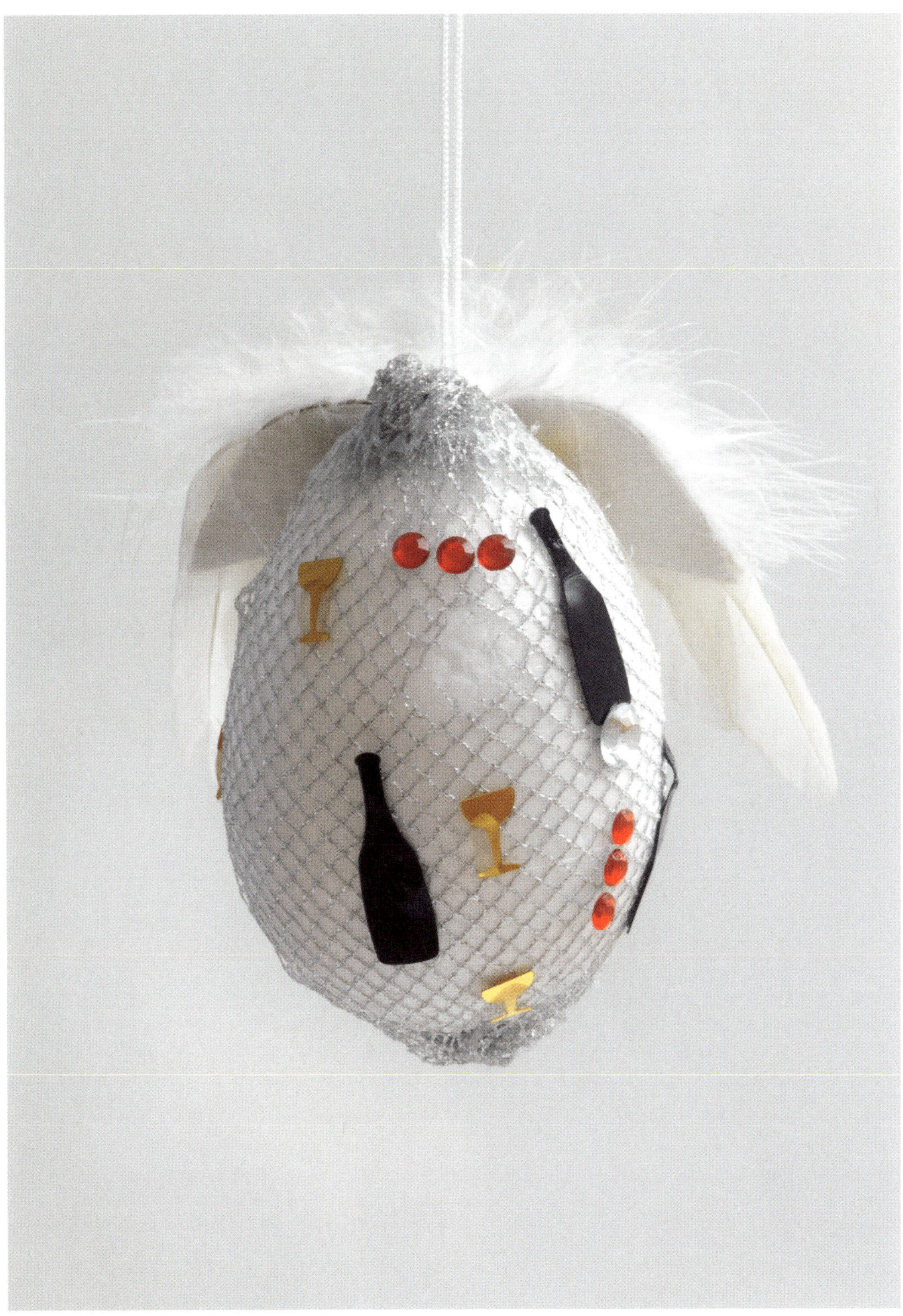

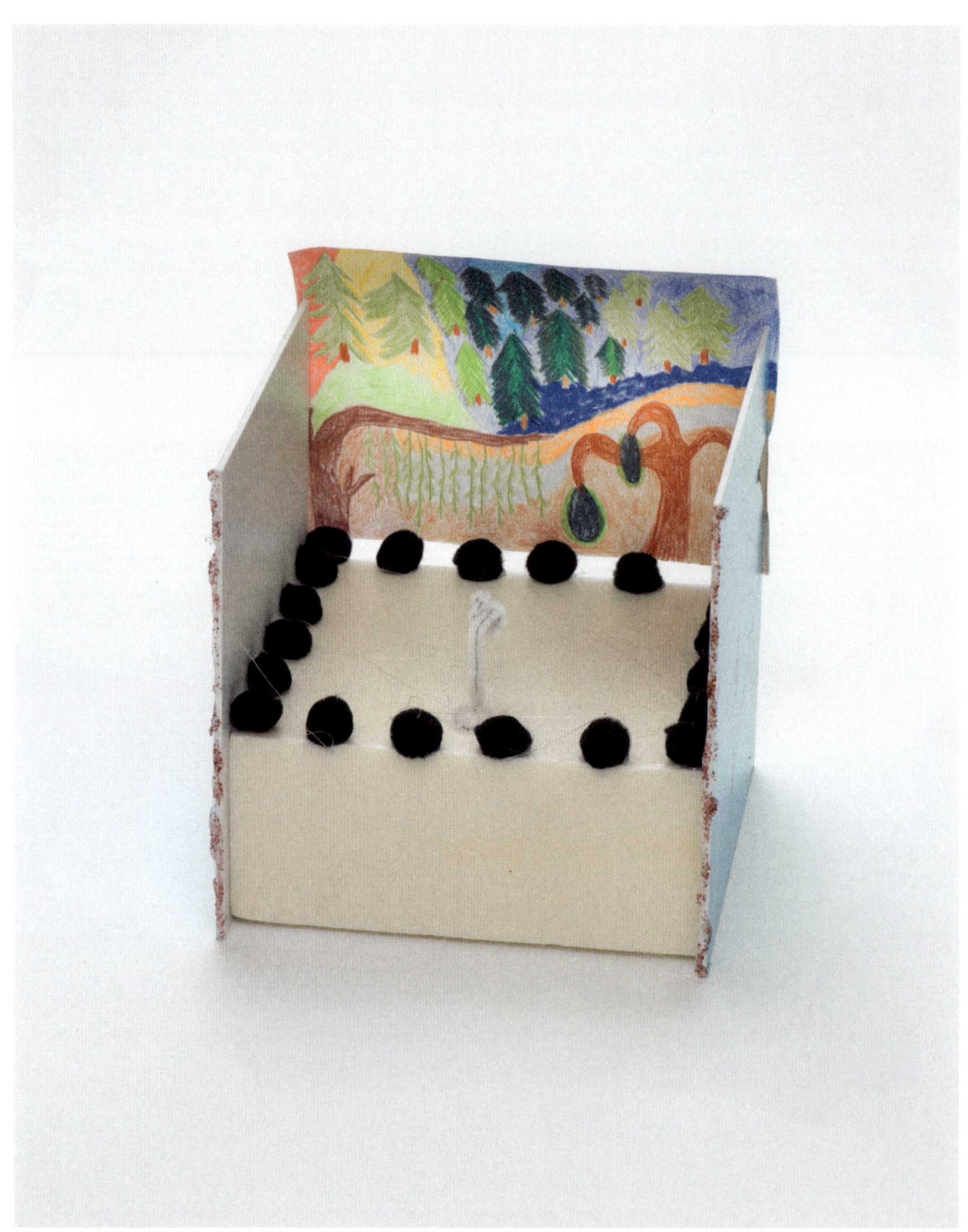

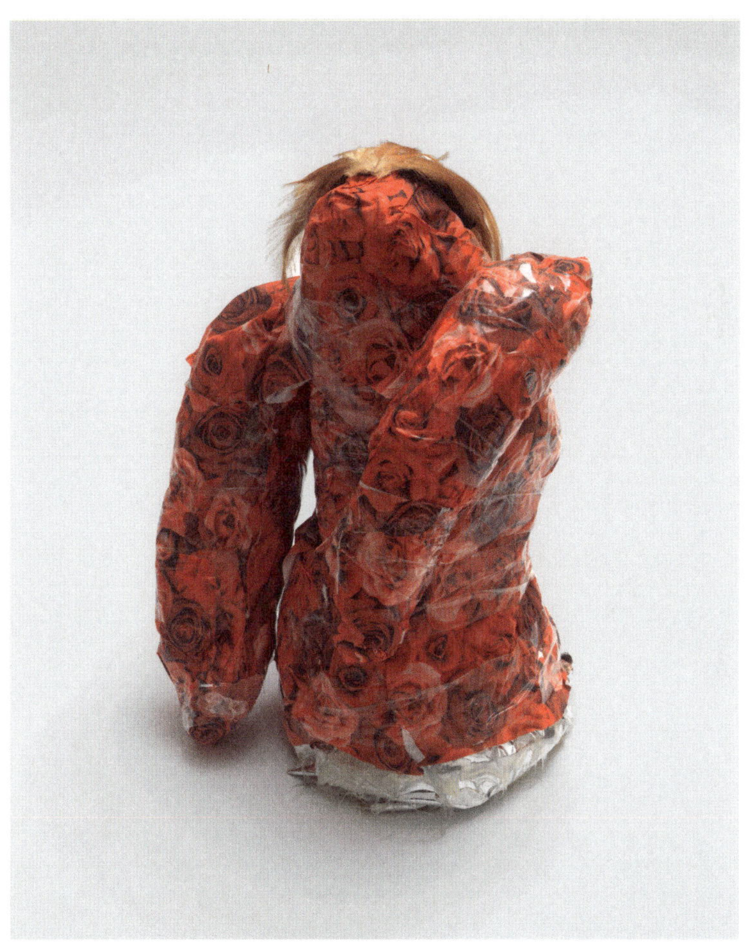

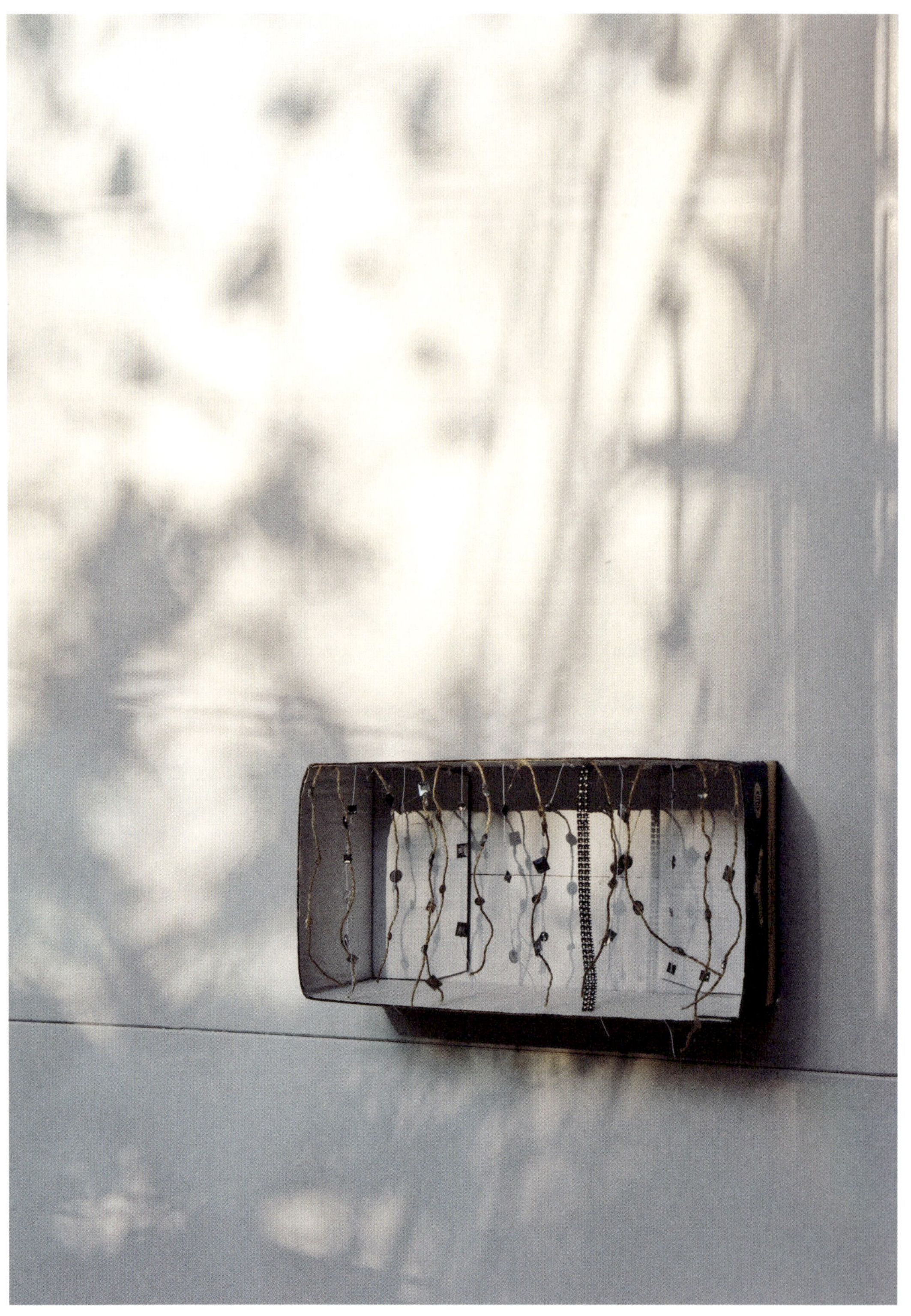

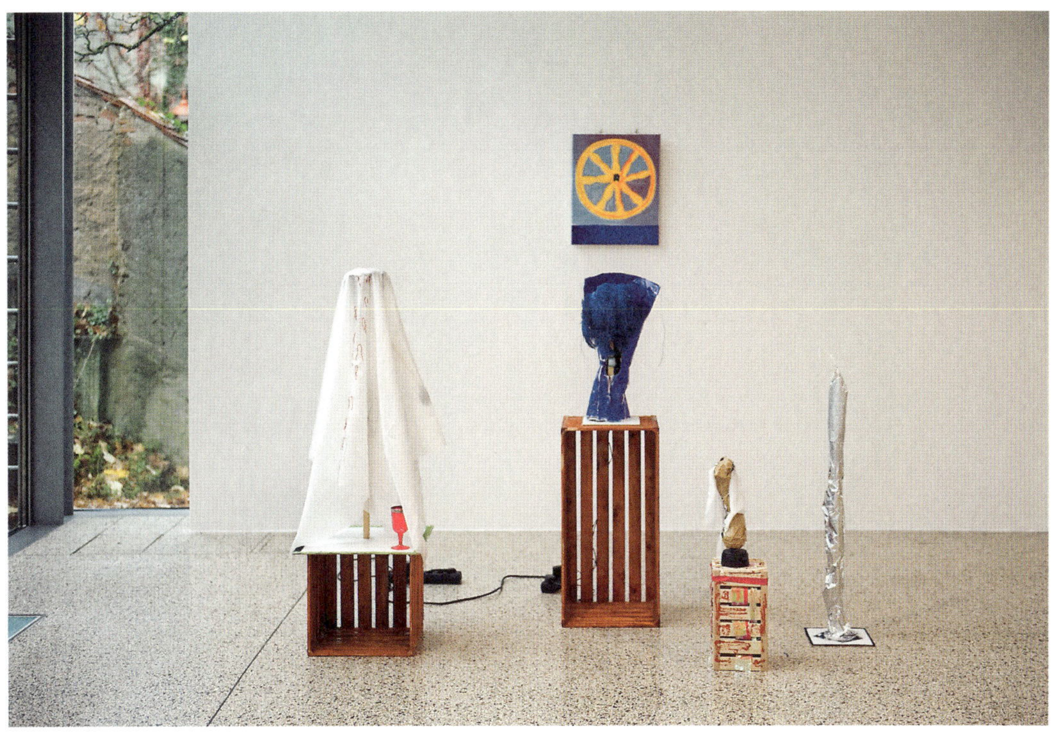

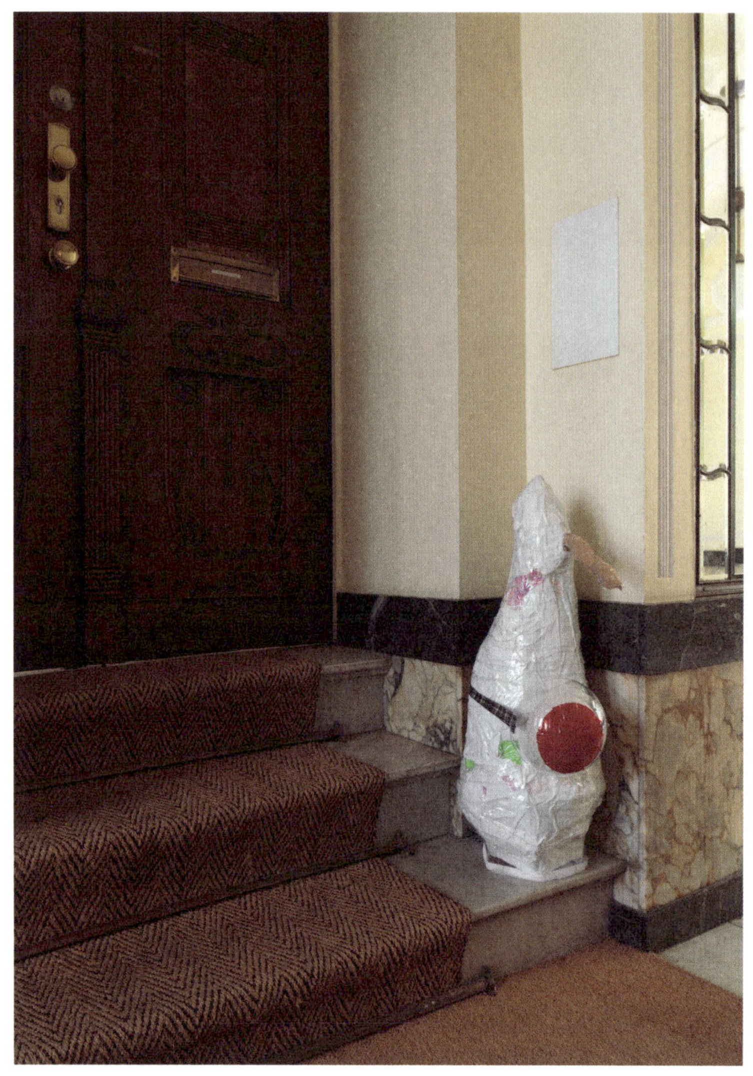

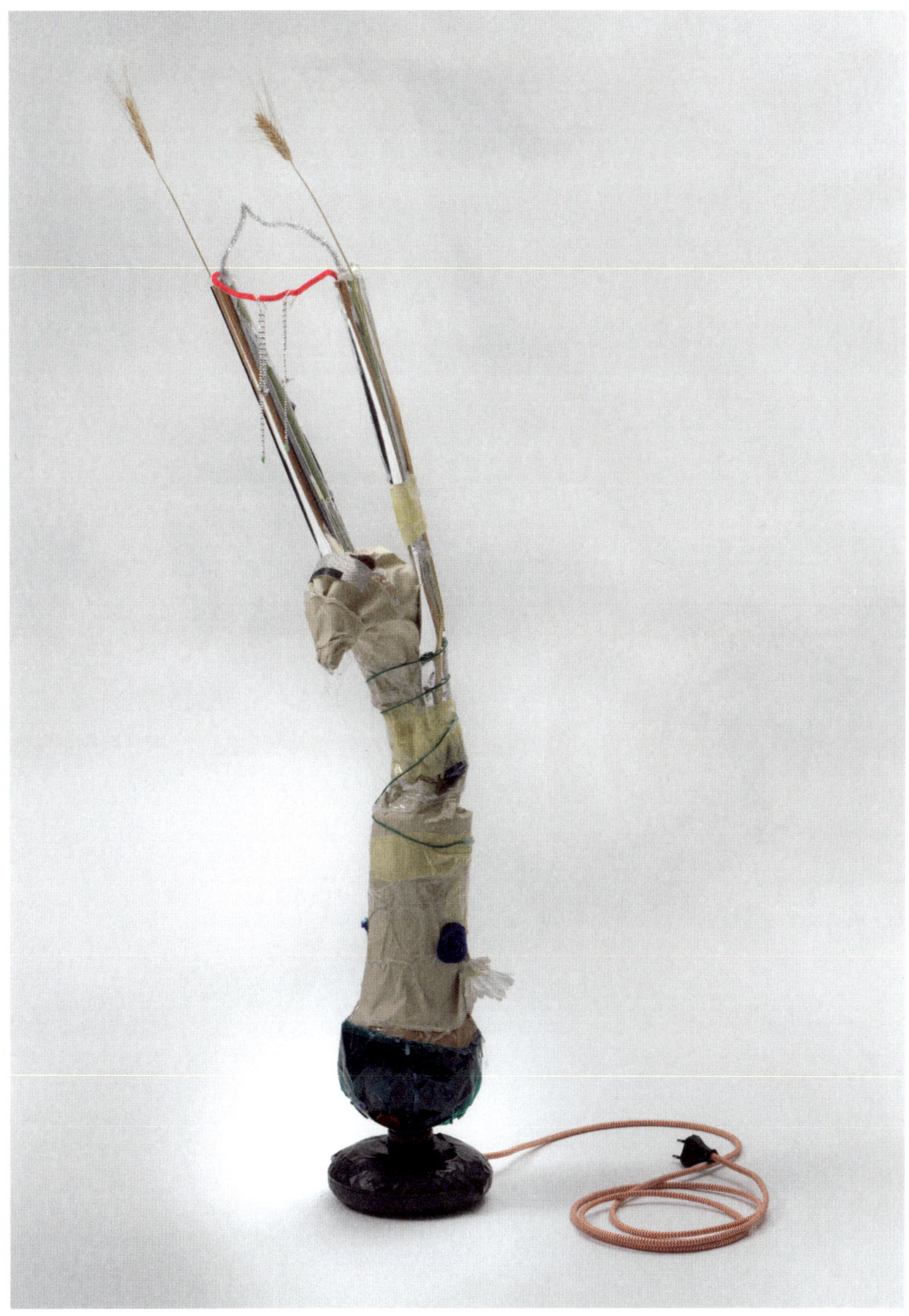

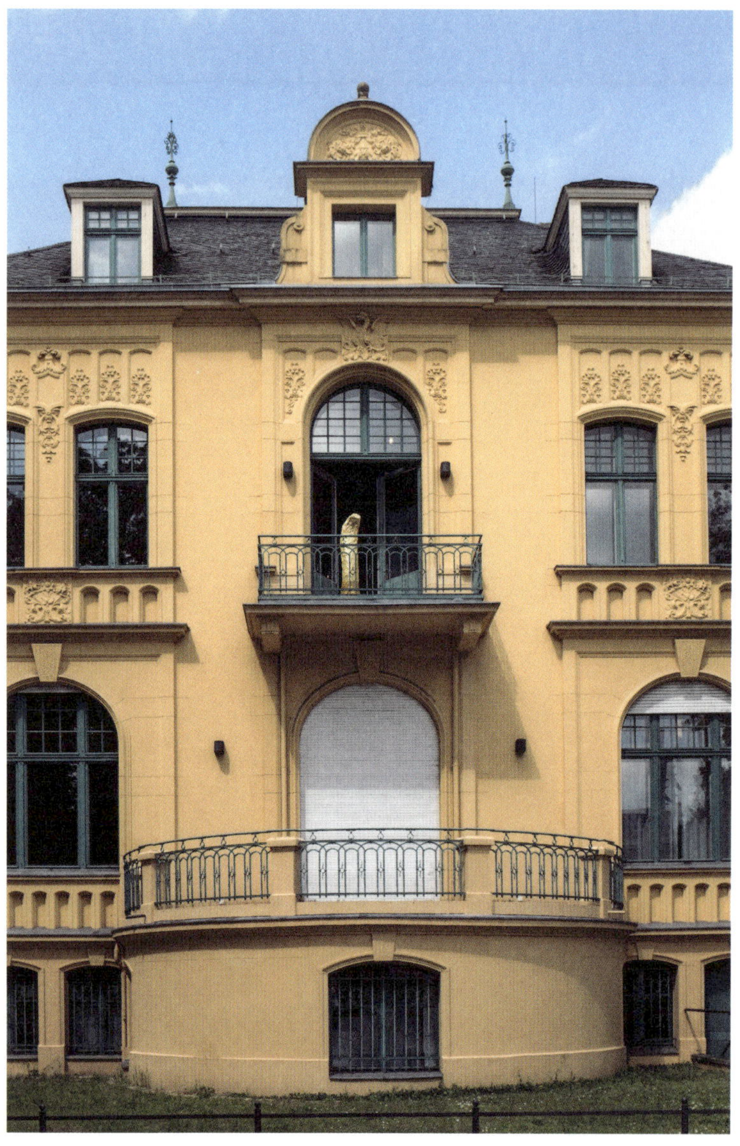

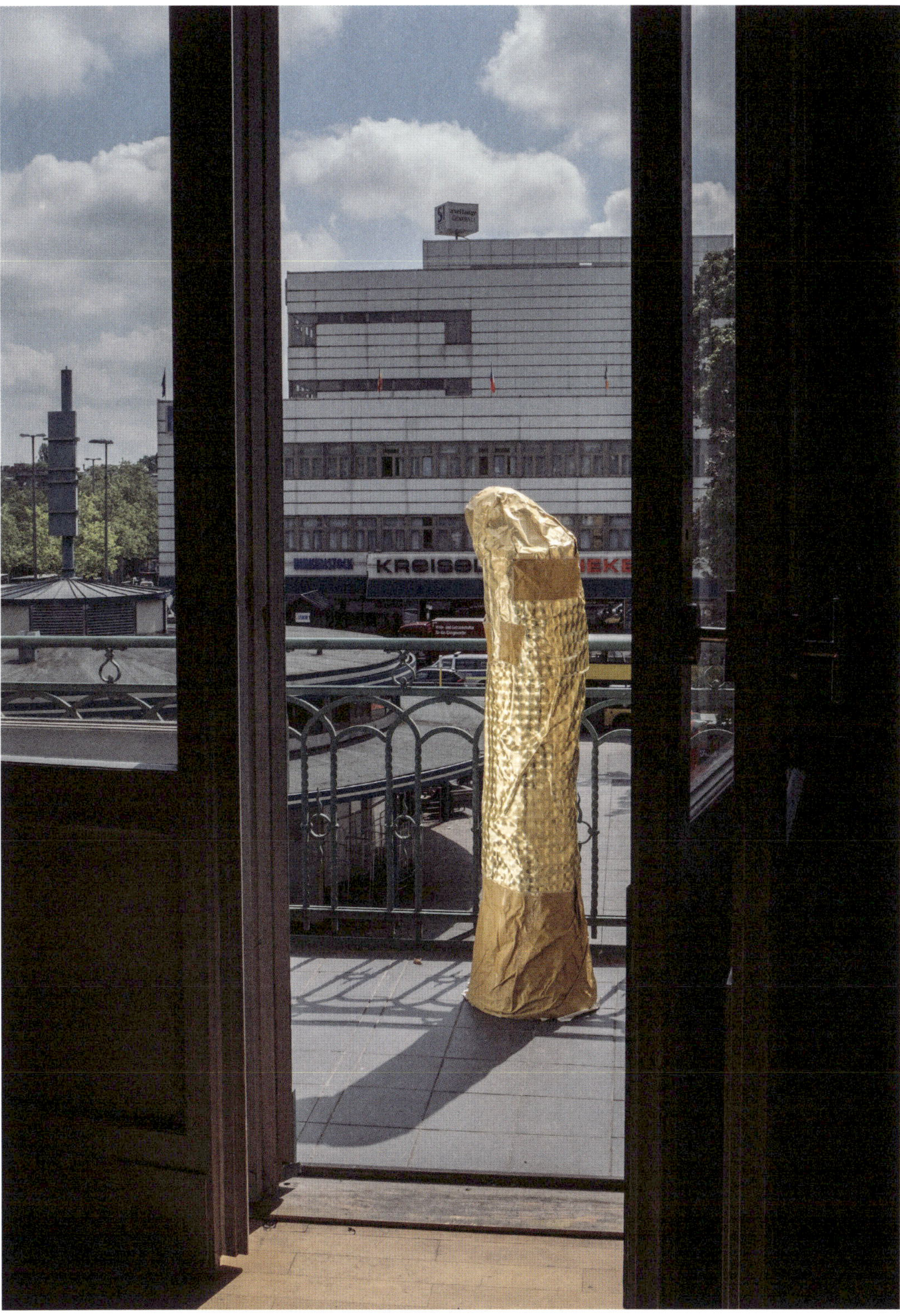
KREISEL

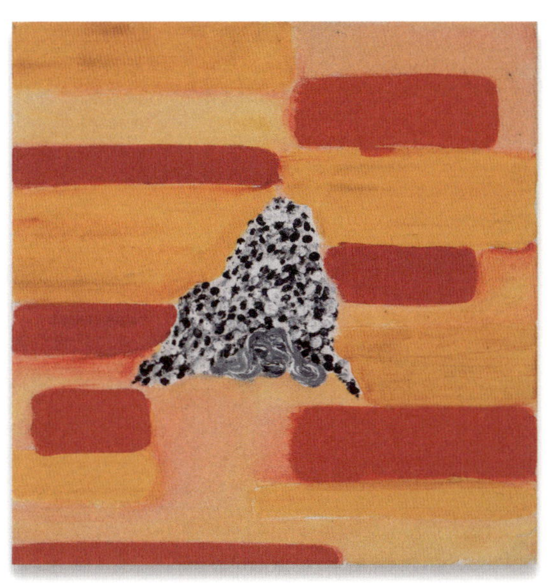

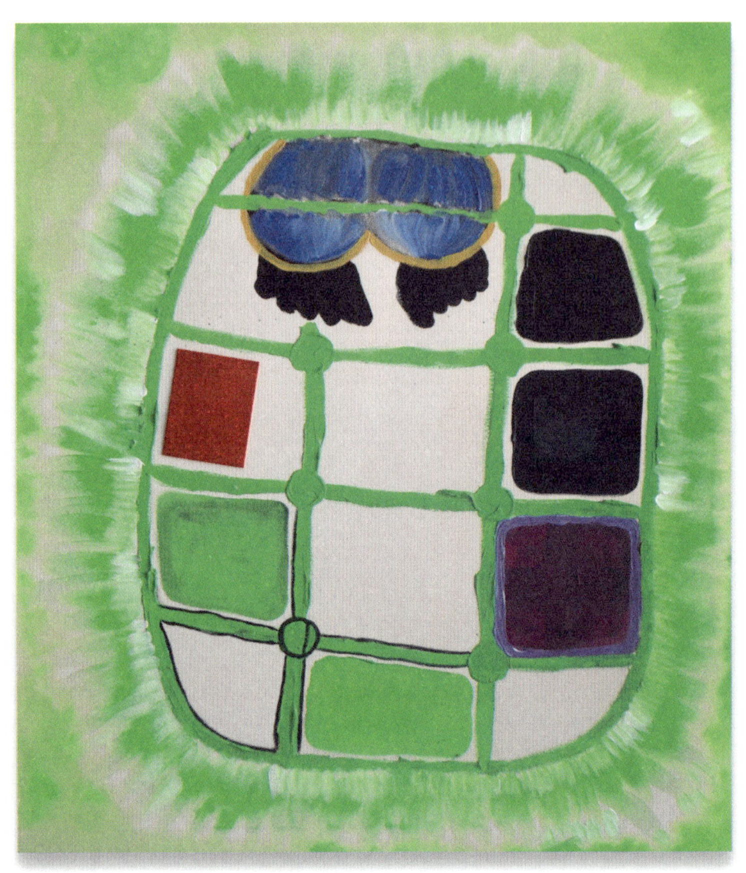

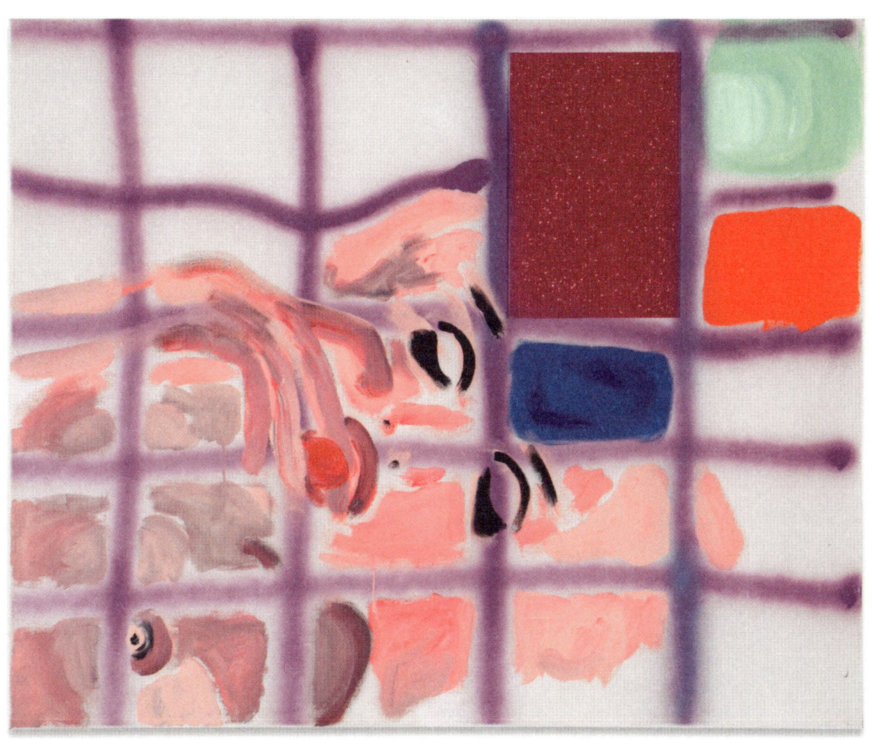

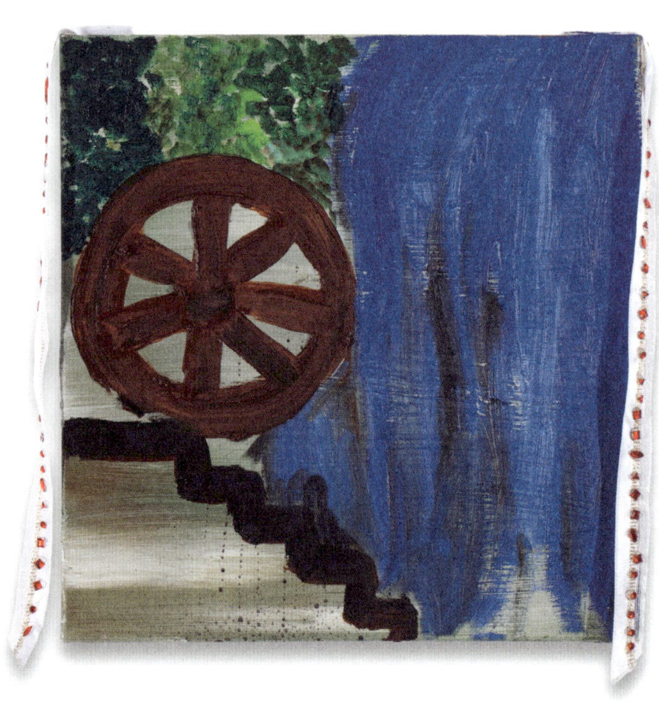

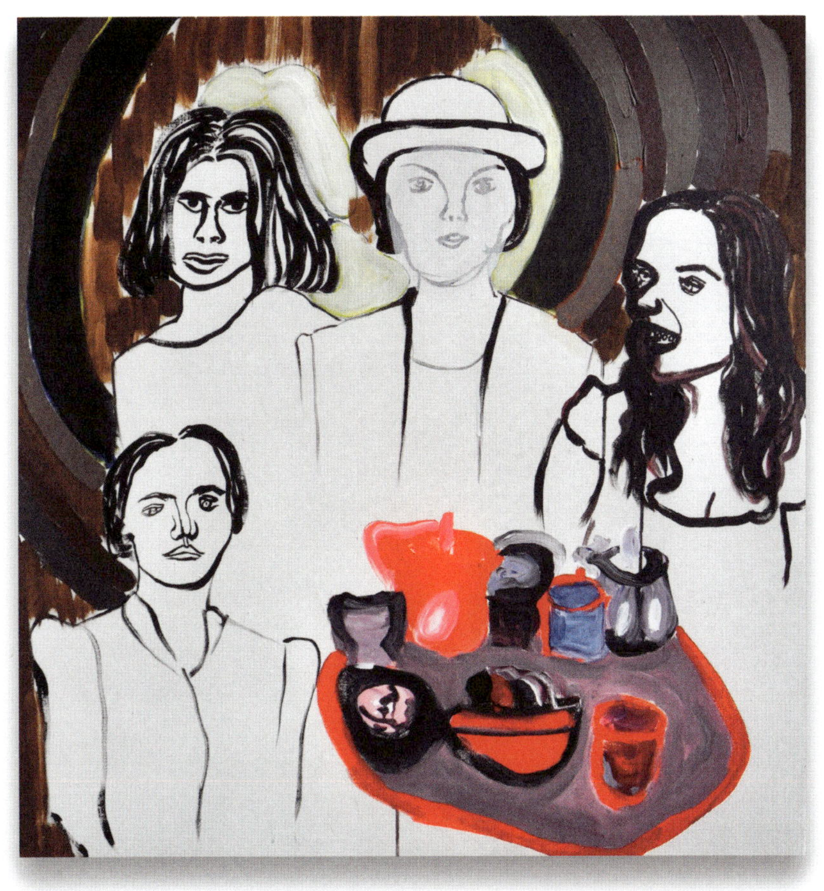

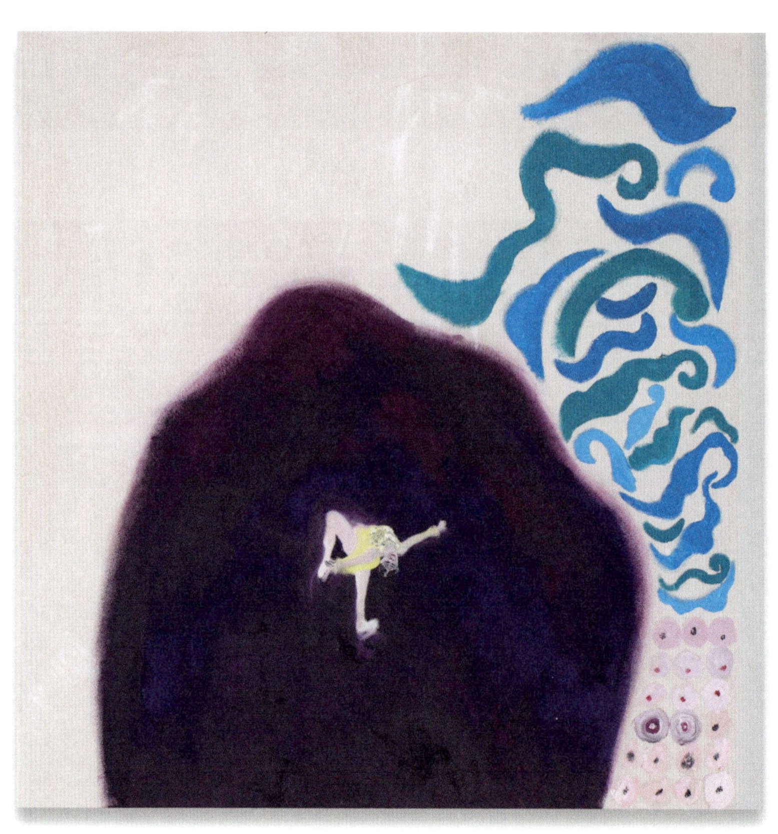

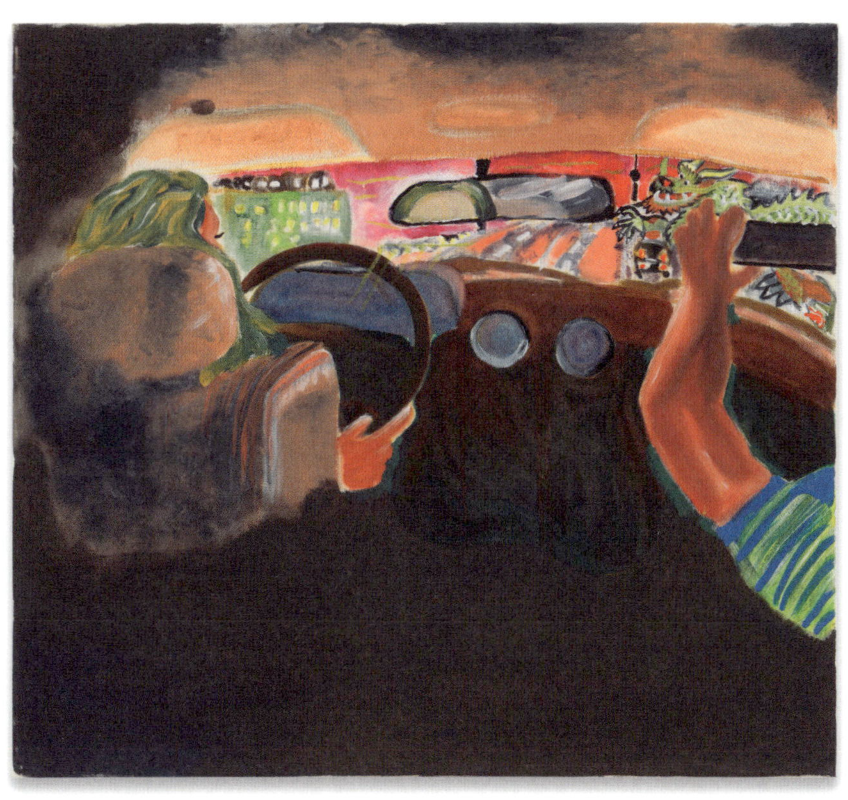

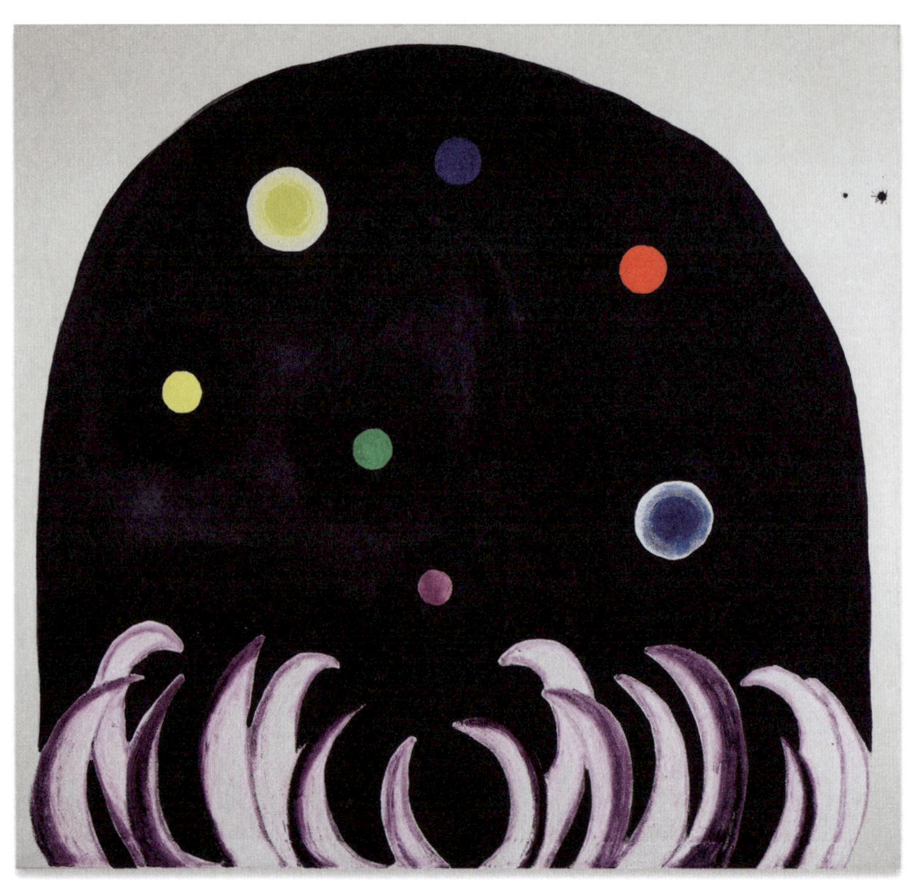

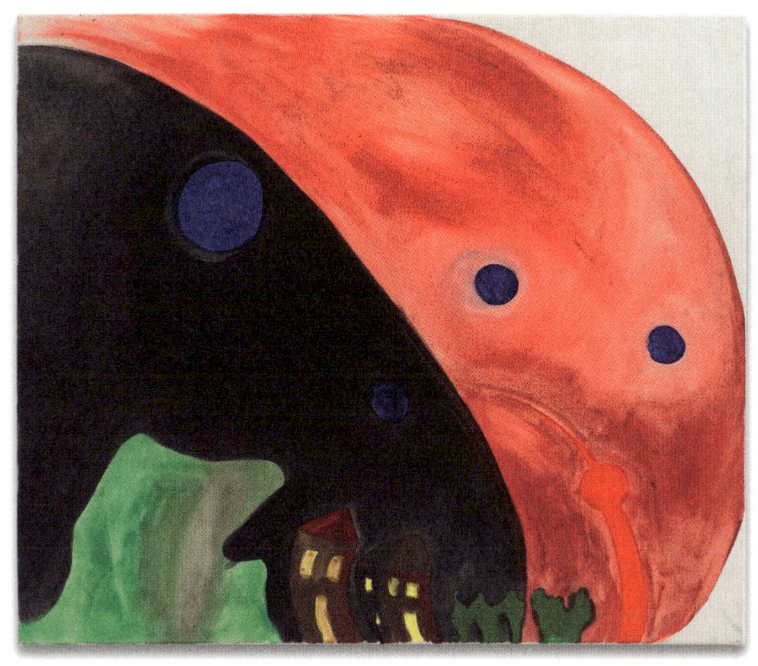

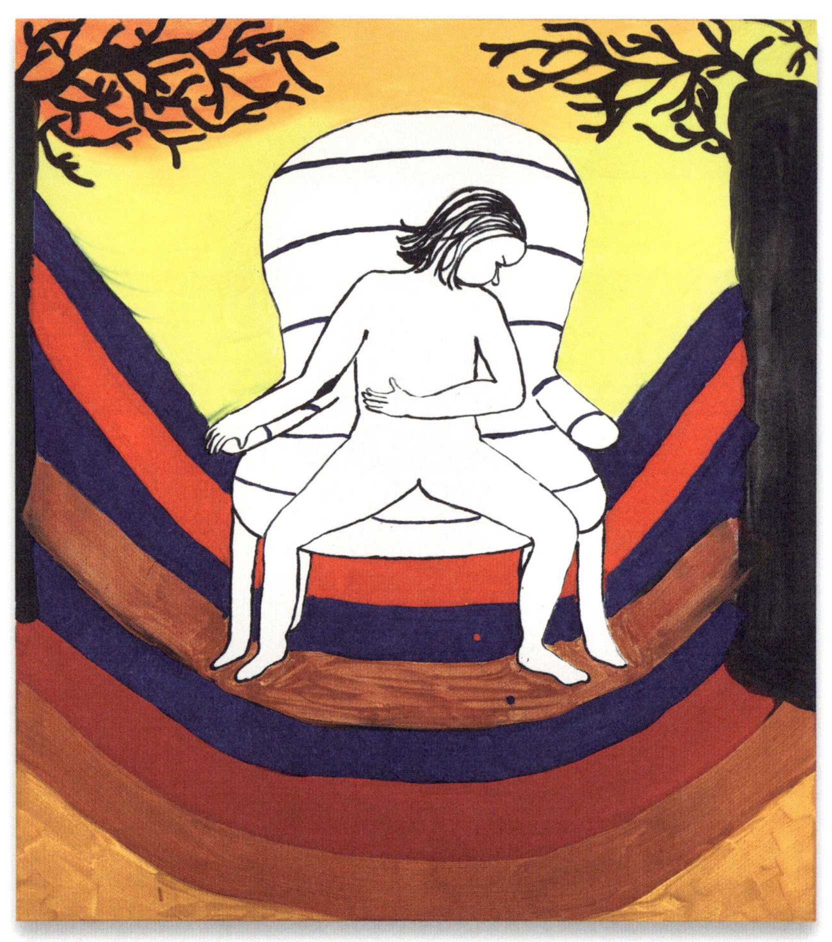

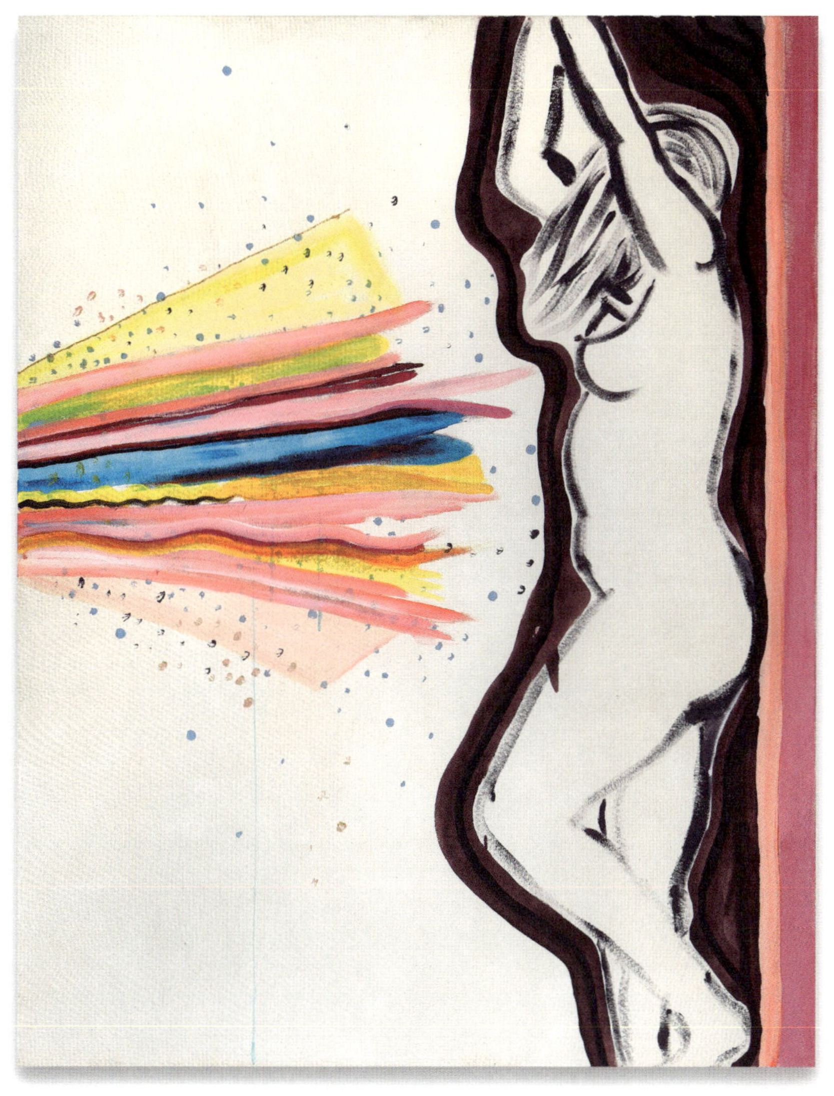

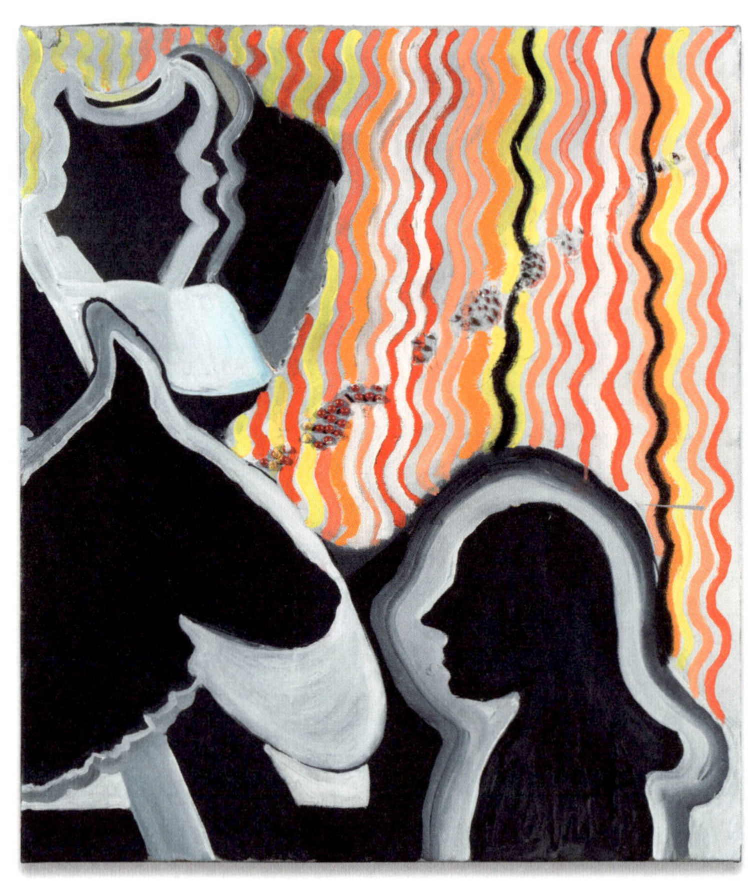

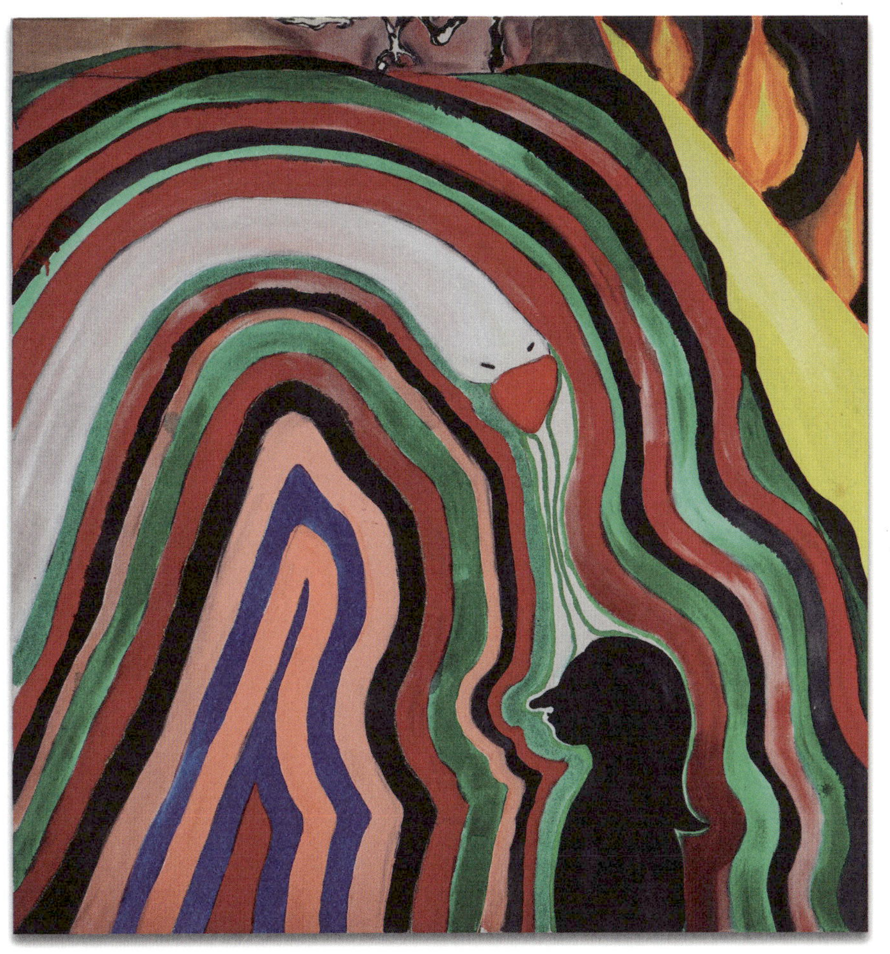

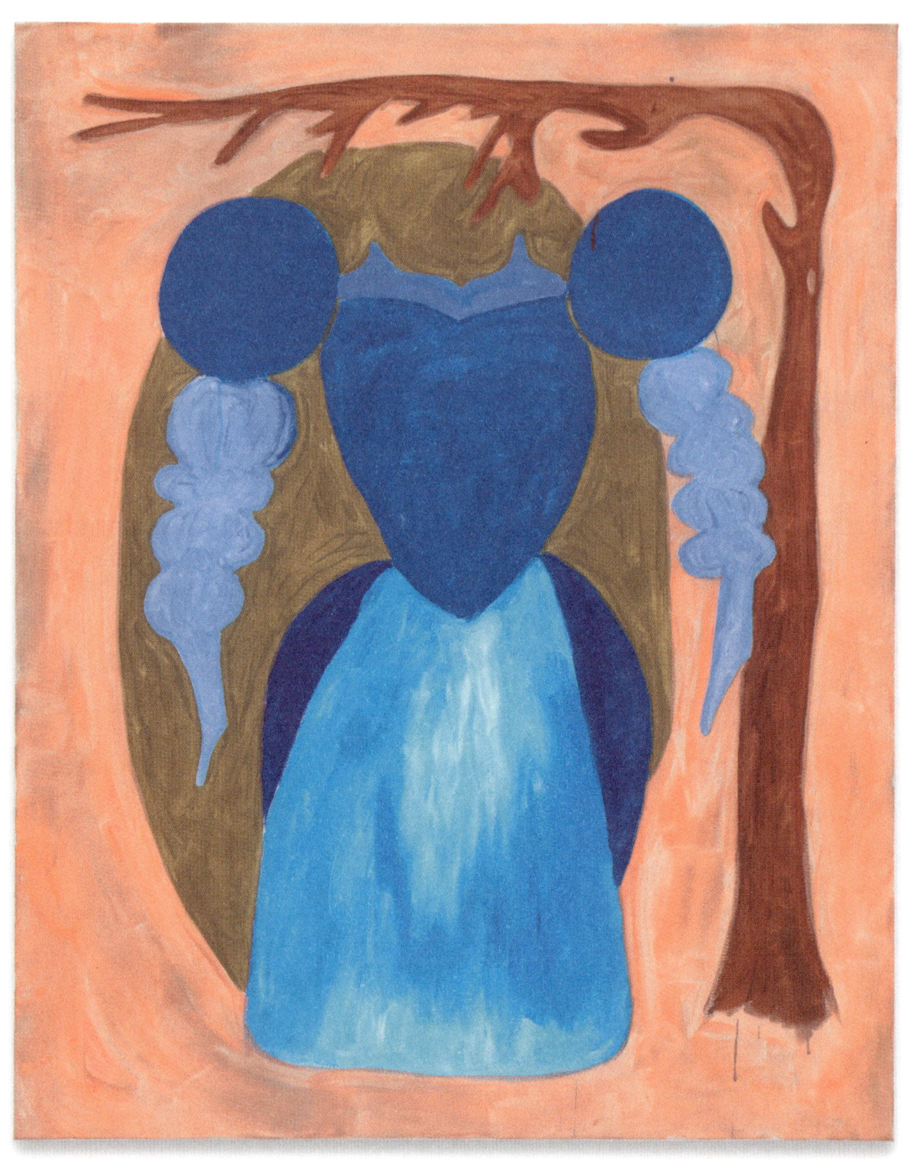

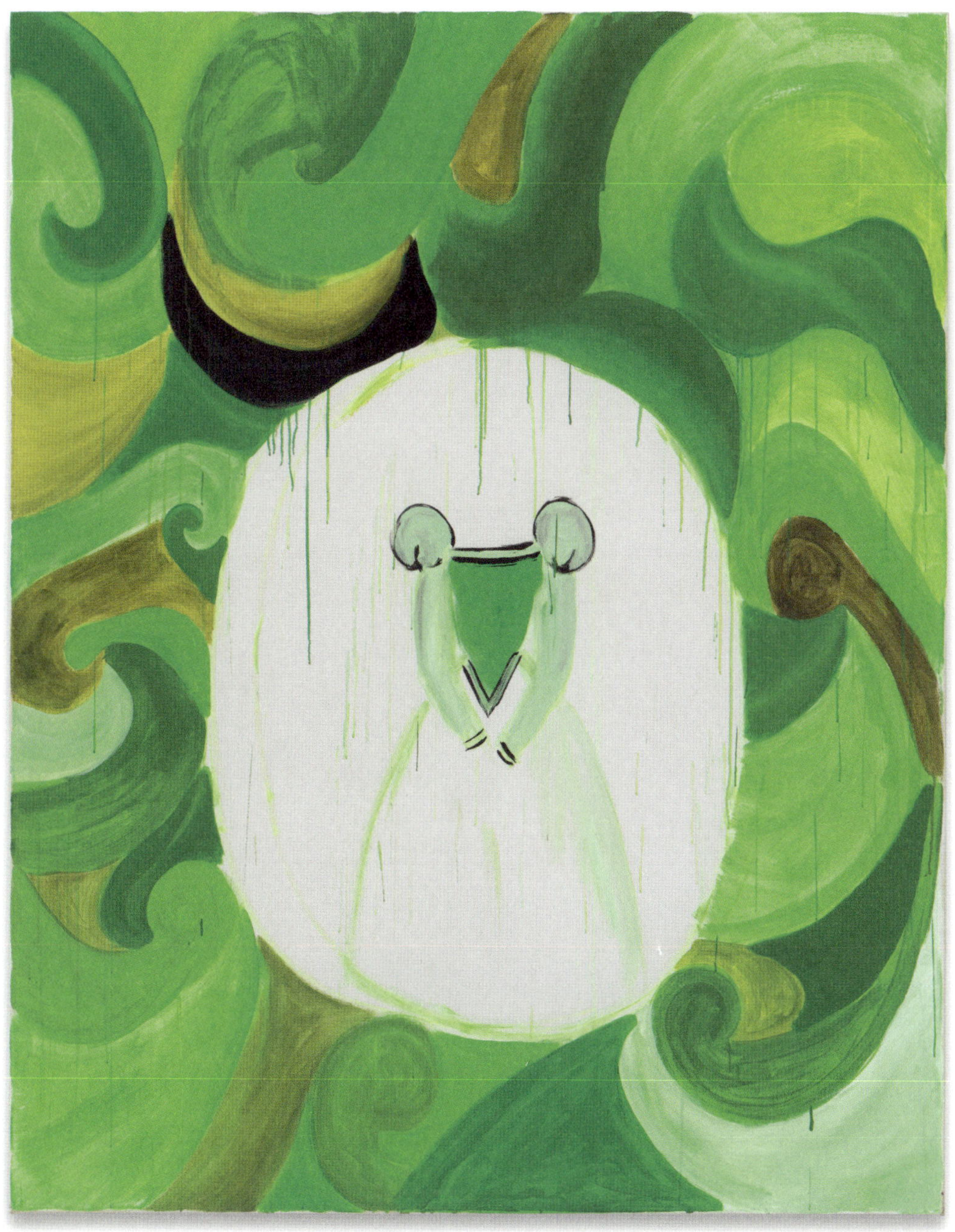

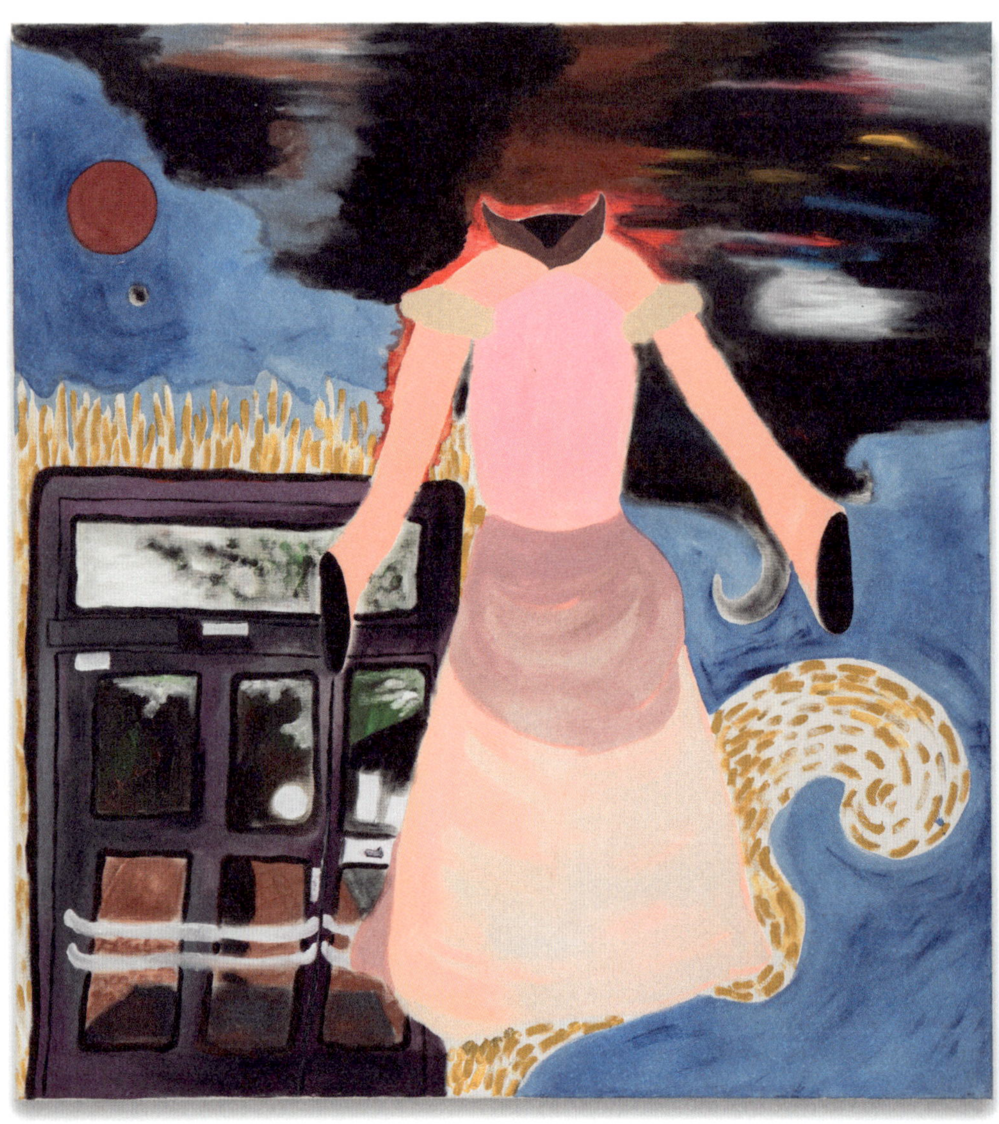

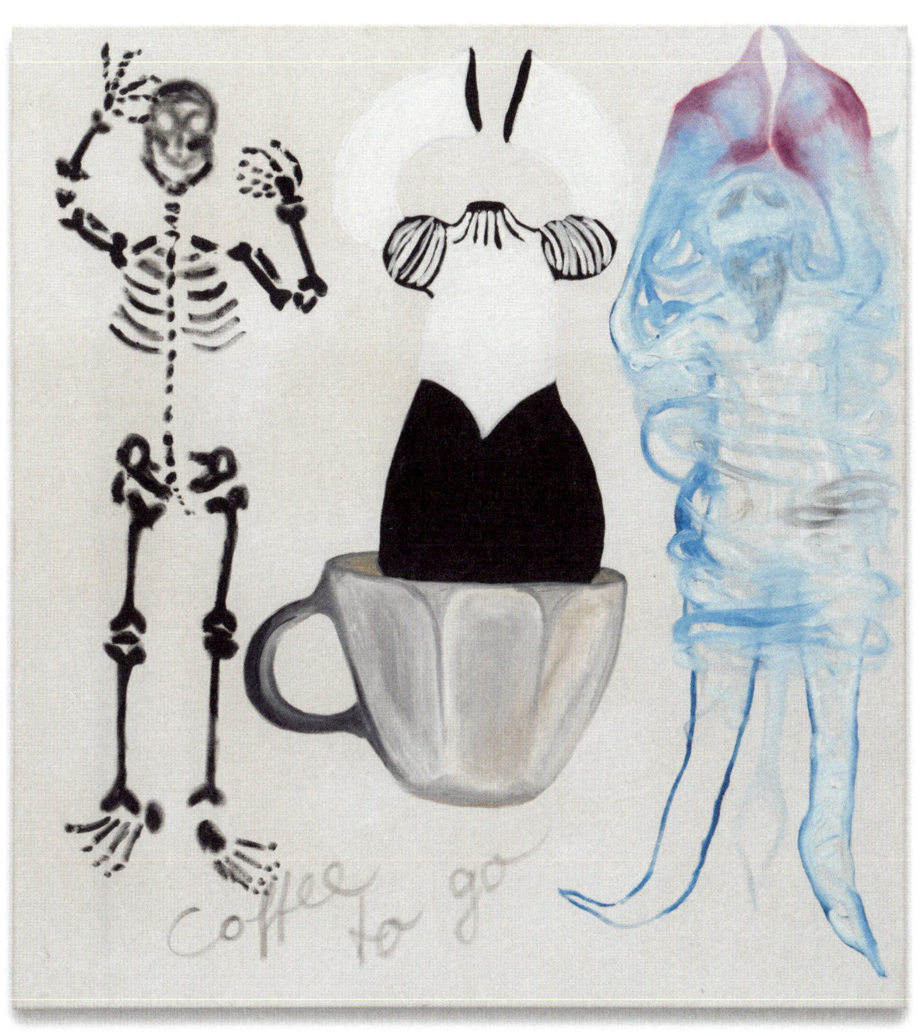
coffee to go

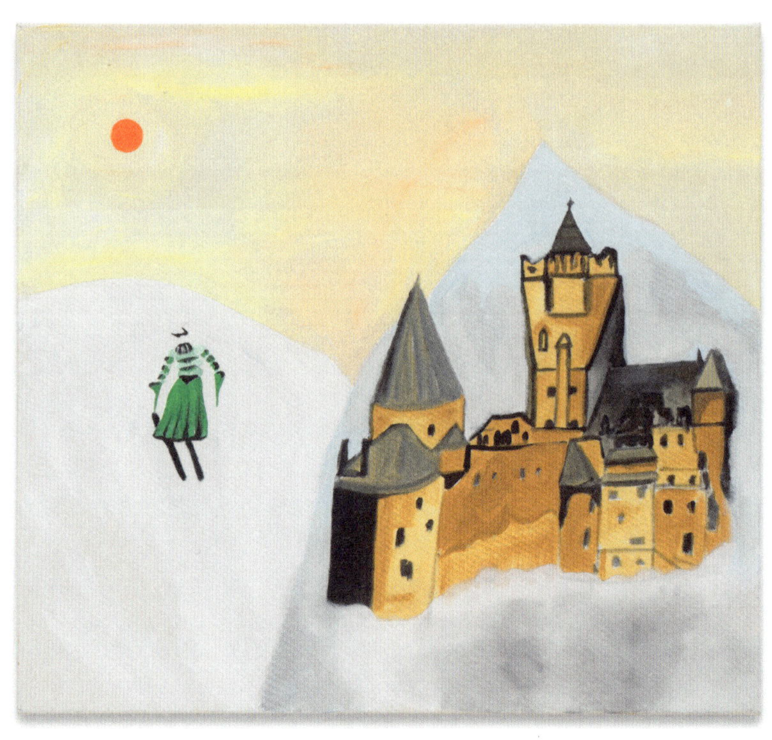

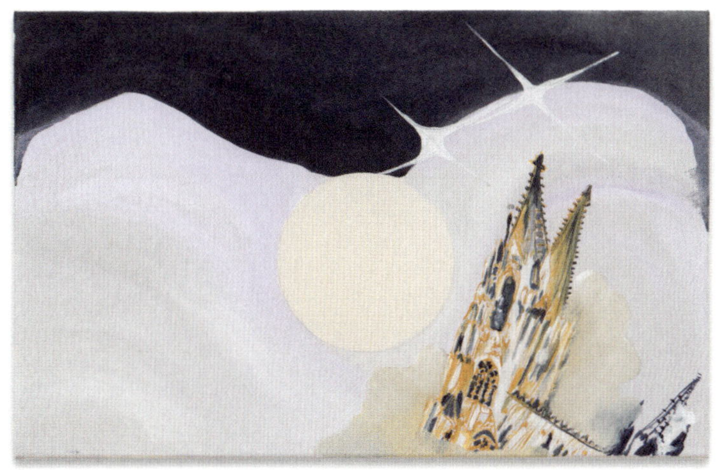

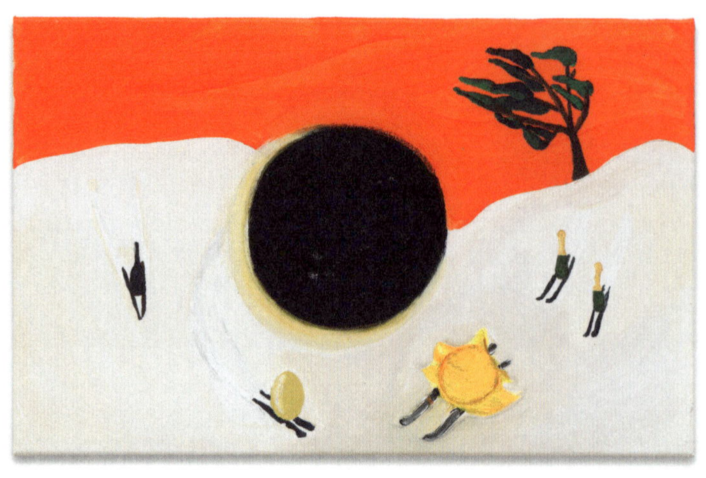

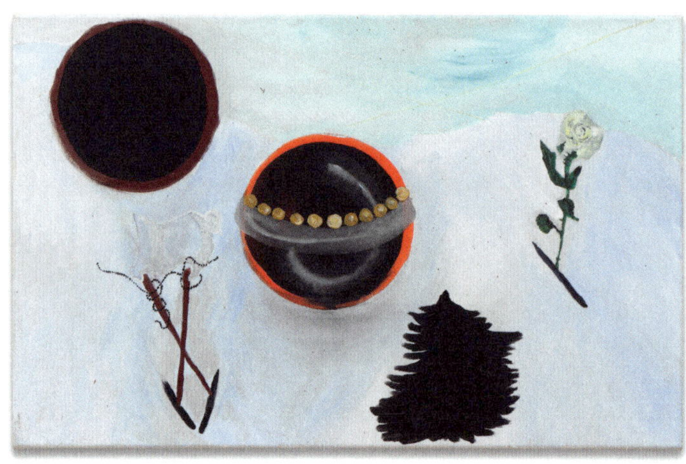

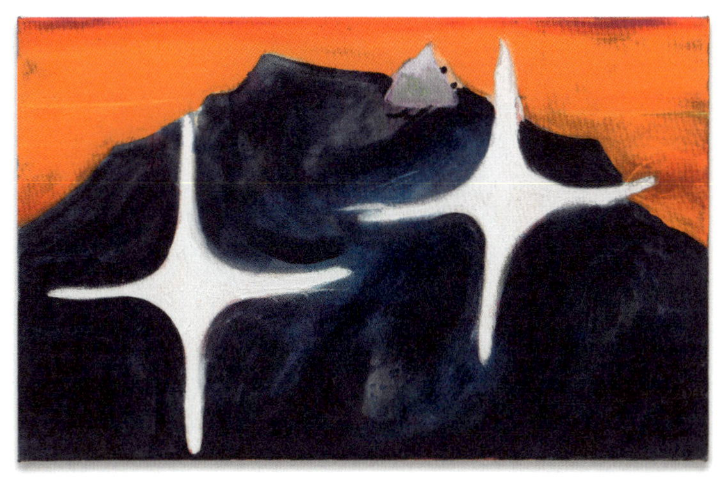

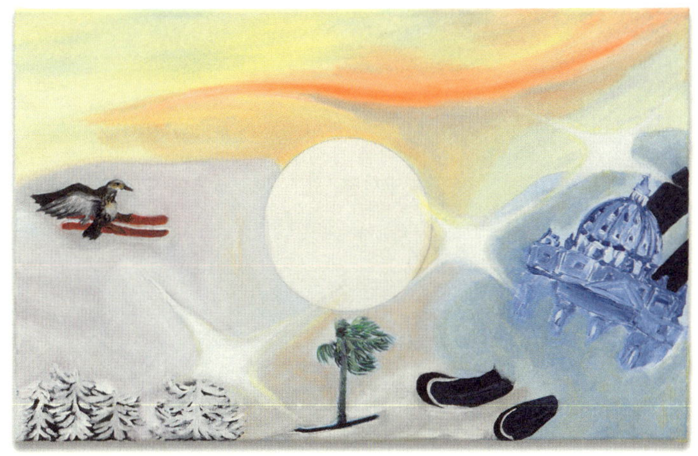

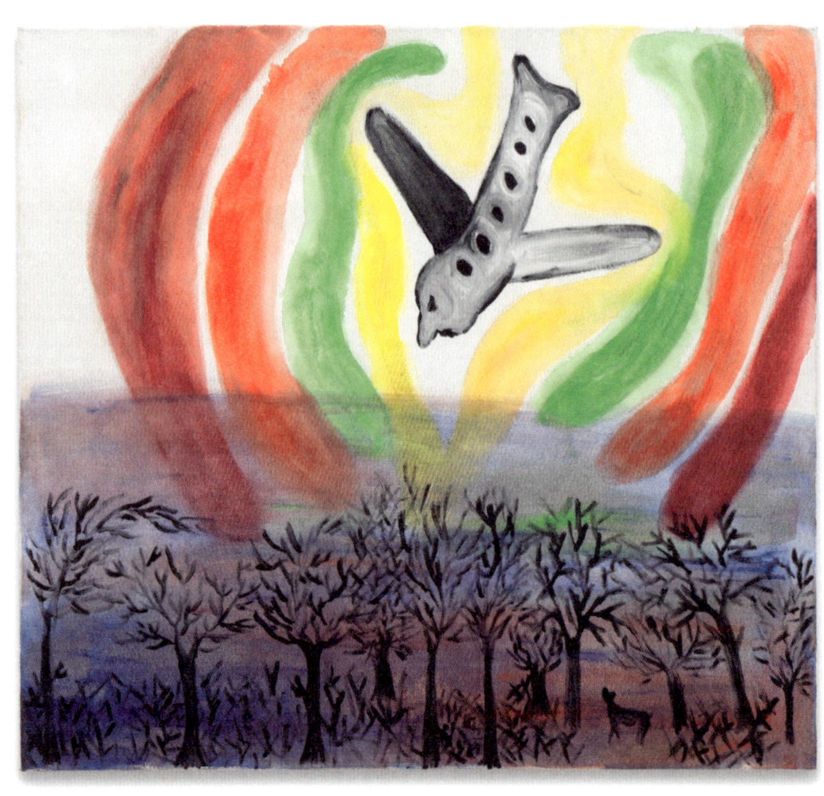

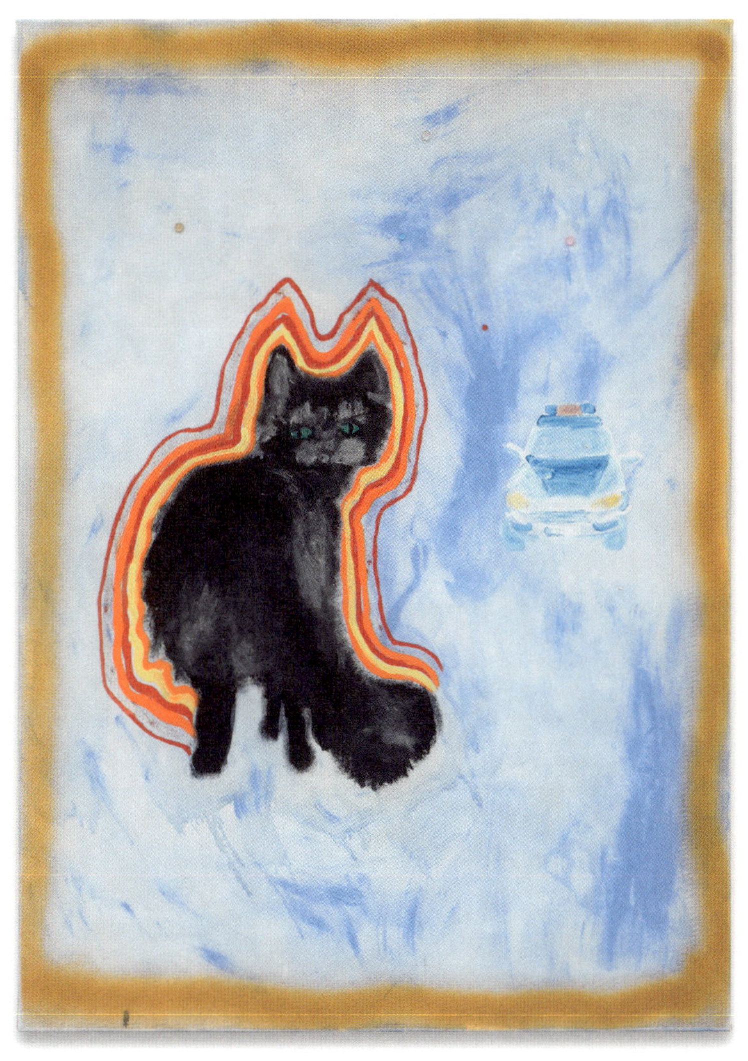

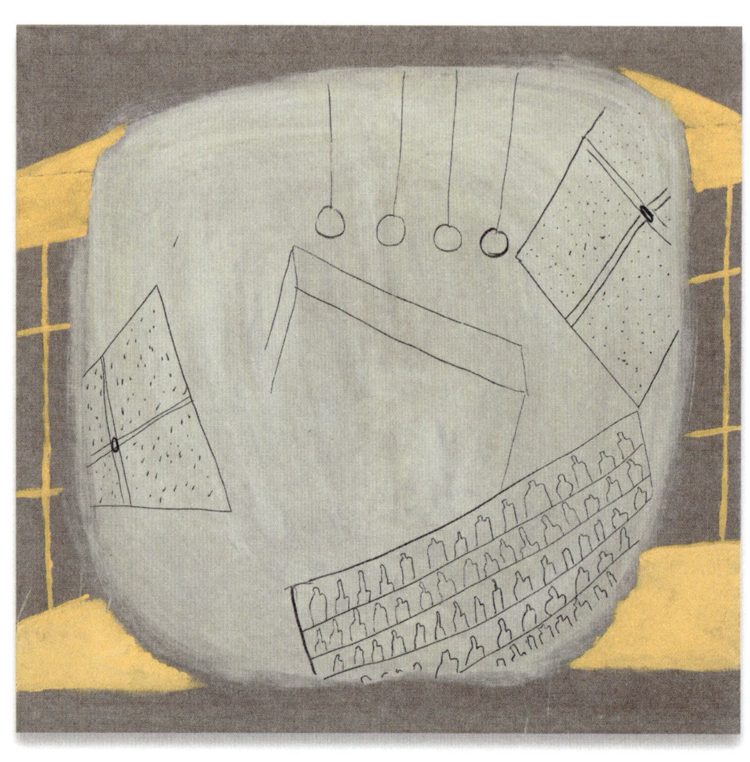

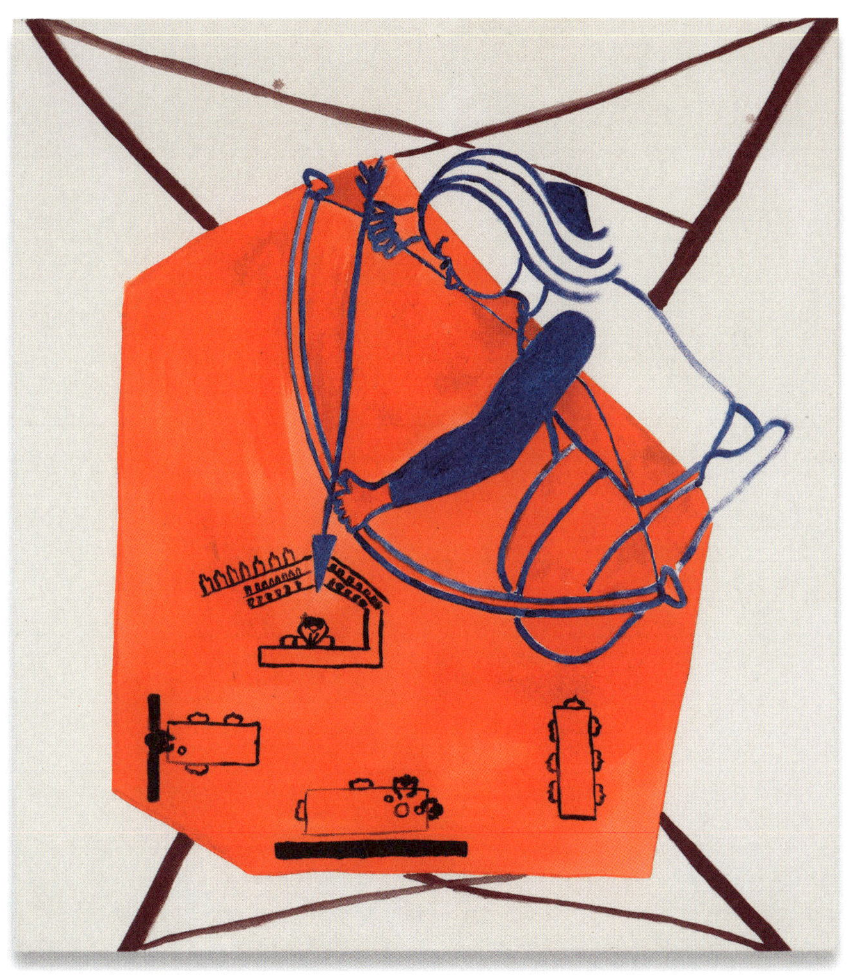

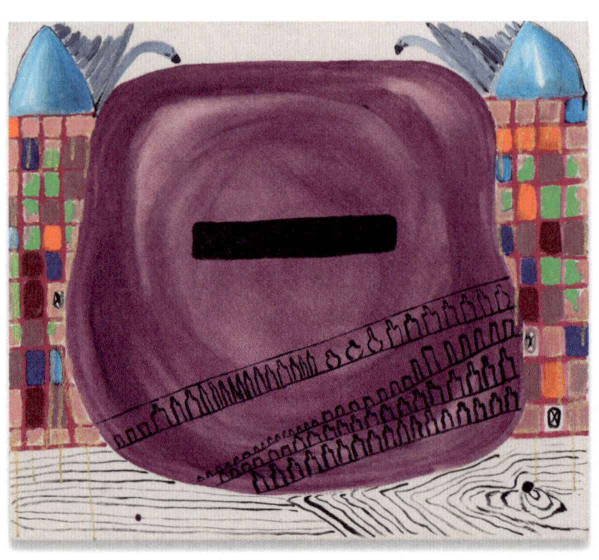

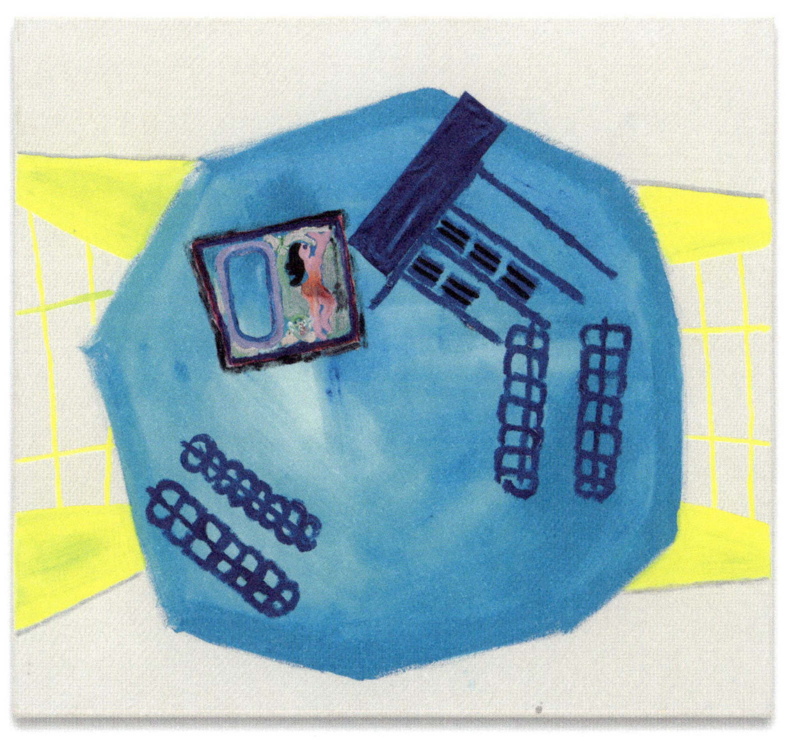

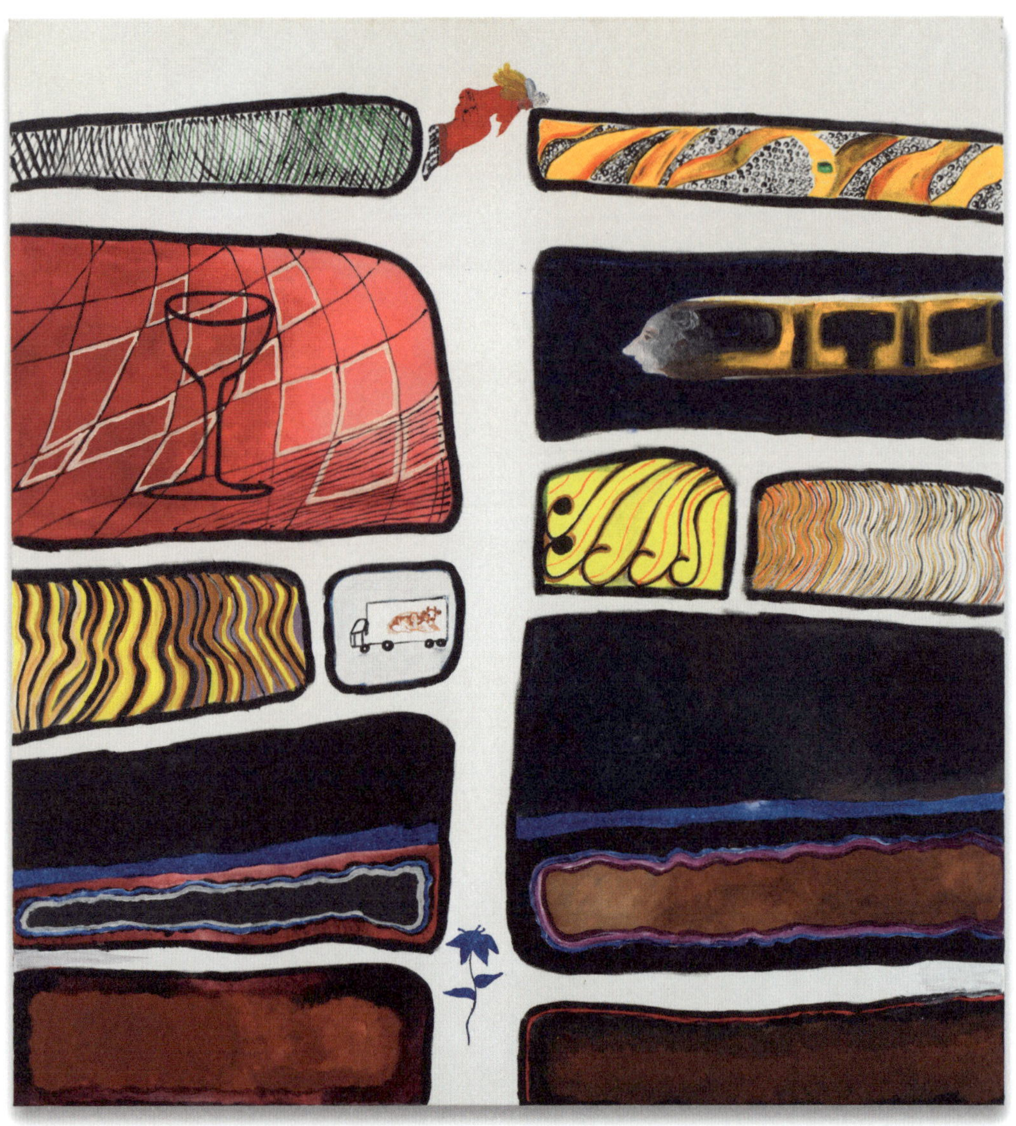

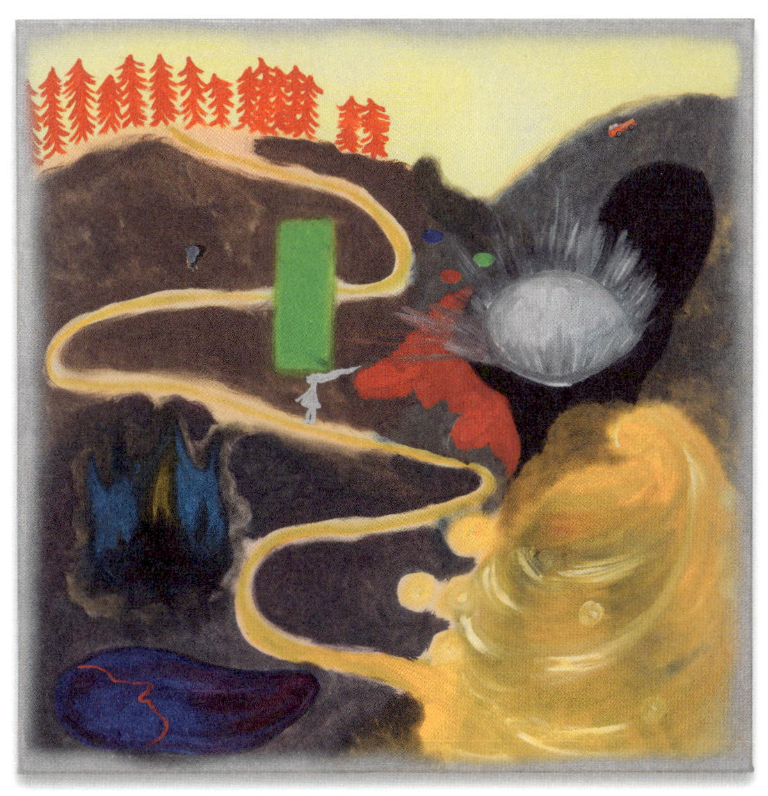

Dieser Katalog erscheint anlässlich der Ausstellung/
This catalog was published on the
occasion of the exhibition
Okka-Esther Hungerbühler – Die Faule Nuss

31. August – 27. Oktober, 2019/
August 31—October 27, 2019
Galerie Schwartzsche Villa
Grunewaldstraße 55
12165 Berlin-Steglitz

Herausgeber/Editor
Brigitte Hausmann
Bezirksamt Steglitz-Zehlendorf von Berlin
Amt für Weiterbildung und Kultur
Fachbereich Kultur

Grafische Gestaltung/Graphic Design
preggnant agency, Berlin & Bonn

Lektorat/Copy Editing
Anja Braun, Christiana Brennecke,
Brigitte Hausmann, Lukas Heger

Texte/Texts
Maurin Dietrich, Brigitte Hausmann

Übersetzung/Translation
Michael Wetzel, Berlin (Texte/Texts)
Volker Ellerbeck, Berlin (Werkindex/Index of Works)
Okka-Esther Hungerbühler (Werktitel/Titles)

Fotonachweis/Photo Credits
Johanna Landscheidt, Berlin
Jens Ziehe, Berlin
Hans-Georg Gaul, Berlin
Frank Sperling, Berlin
Bodo Schlack, Berlin
Gustav Rieck, Berlin
Jürgen Schabel, Nürnberg

Lithografie/Image Editing
Moritz Zeller

Produktion/Production Management
DISTANZ Verlag

Gesamtherstellung/Printing and Binding
DZA Druckerei zu Altenburg GmbH

Vertrieb/Distribution
edel Germany GmbH
www.edel.com
international-books@edel.com

ISBN 978-3-95476-297-2
Printed in Germany

Erschienen im/Published by
DISTANZ Verlag
www.distanz.de

Leitung der Abteilung/
Head of Department
Frank Mückisch
Leitung des Fachbereichs Kultur/
Head of the Cultural Department
Dr. Brigitte Hausmann
Grunewaldstraße 3
12165 Berlin
Tel +49 (0)30 90299-2302
www.kultur-steglitz-zehlendorf.de

Gefördert aus Mitteln des Ausstellungsfonds
für die Kommunalen Galerien der Berliner Bezirke,
des Bezirkskulturfonds und aus Mitteln der
Gembus-Stiftung/
The project is generously supported by the
Ausstellungsfonds für die Kommunalen Galerien
der Berliner Bezirke, the Bezirkskulturfonds
and by the Gembus Foundation

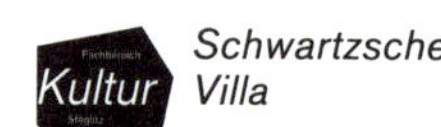

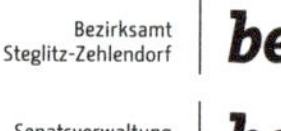

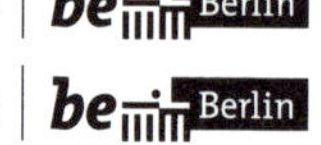

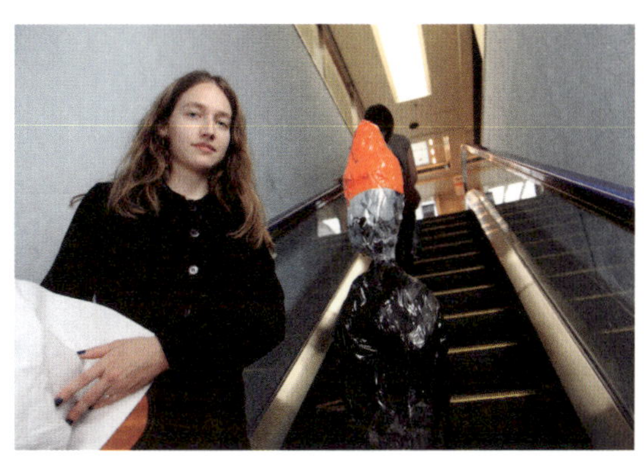